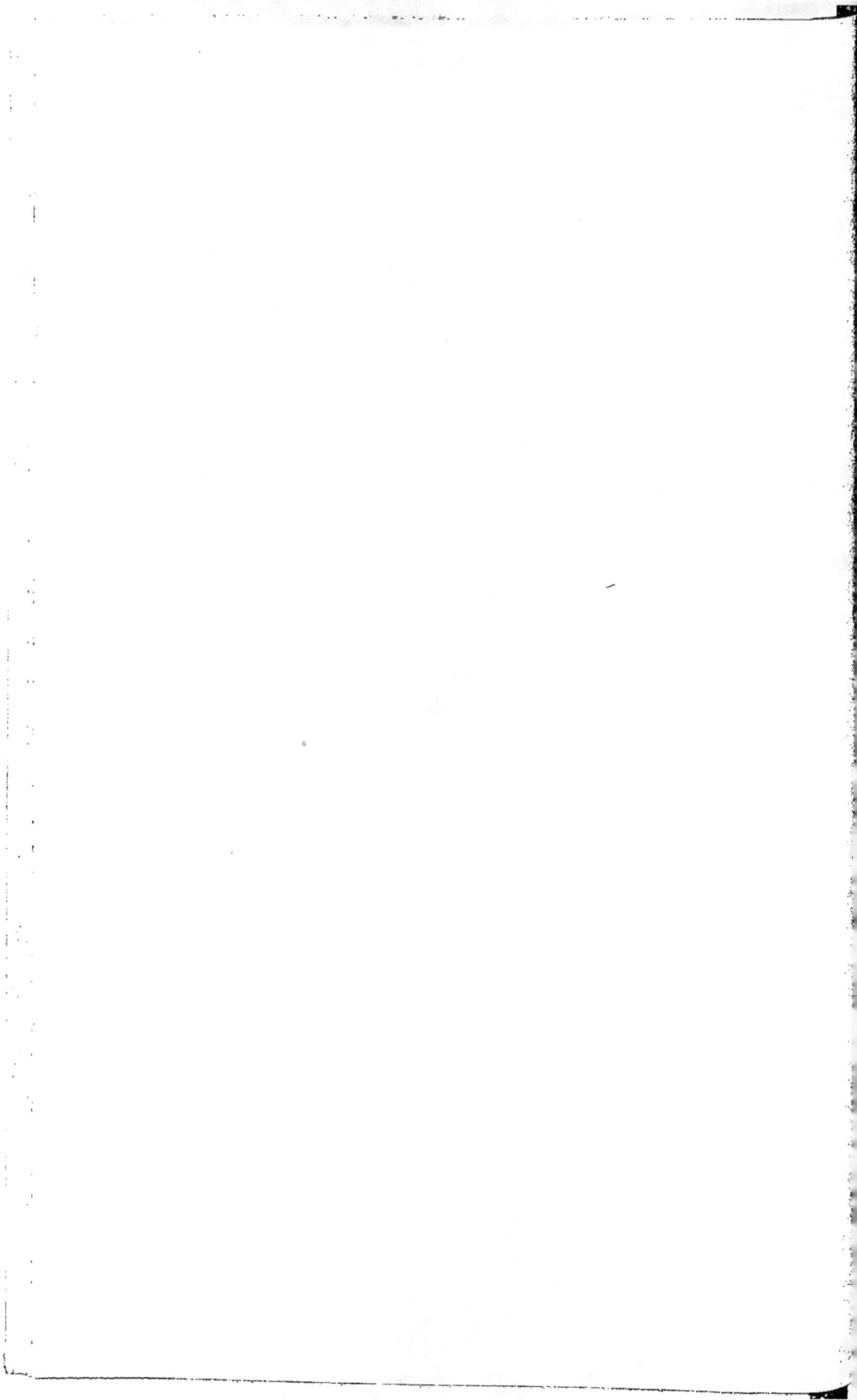

FACULTÉ DE DROIT DE PARIS

DROIT ROMAIN

DES EFFETS

DE

L'EXÉCUTION PARTIELLE

D'UNE OBLIGATION

DROIT FRANÇAIS

LE DROIT DES PAUVRES

DE LA REDEVANCE PRÉLEVÉE AU PROFIT DES HOSPICES
ET DES BUREAUX DE BIENFAISANCE
SUR LA RECETTE DES SPECTACLES PUBLICS

THÈSE POUR LE DOCTORAT

PAR

Georges PECTOR

AVOCAT A LA COUR D'APPEL

PARIS
LIBRAIRIE NOUVELLE DE DROIT ET DE JURISPRUDENCE
ARTHUR ROUSSEAU, ÉDITEUR
14, RUE SOUFFLOT, ET RUE TOULLIER, 13

1888

FACULTÉ DE DROIT DE PARIS

DROIT ROMAIN

DES EFFETS

DE

L'EXÉCUTION PARTIELLE

D'UNE OBLIGATION

DROIT FRANÇAIS

LE DROIT DES PAUVRES

DE LA REDEVANCE PRÉLEVÉE AU PROFIT DES HOSPICES
ET DES BUREAUX DE BIENFAISANCE
SUR LA RECETTE DES SPECTACLES PUBLICS

THÈSE POUR LE DOCTORAT

L'ACTE PUBLIC SUR LES MATIÈRES CI-APRÈS
sera soutenu le Mercredi 13 Juin 1888, à deux heures et demie

PAR

Georges PECTOR

AVOCAT A LA COUR D'APPEL

Président :   M. GARSONNET
Suffragants : { MM. LEFÈBVRE
                    MICHEL (Henry) } *professeurs,*
                    PLANIOL, *agrégé*

PARIS

LIBRAIRIE NOUVELLE DE DROIT ET DE JURISPRUDENCE

ARTHUR ROUSSEAU, ÉDITEUR

14, RUE SOUFFLOT, ET RUE TOULLIER, 13

1888

THÈSE POUR LE DOCTORAT

DROIT ROMAIN

DES EFFETS
DE L'EXÉCUTION PARTIELLE D'UNE OBLIGATION

INTRODUCTION

1. En règle générale, l'inexécution partielle d'une obligation a les mêmes effets que l'inexécution totale. Une obligation incomplètement exécutée n'est pas exécutée.

Mais il ne faut pas envisager l'obligation seulement dans sa partie inexécutée; il faut l'examiner aussi dans sa partie exécutée. Or il y a des cas où l'exécution partielle d'une obligation peut produire des effets particuliers ; elle peut, sous certaines conditions, aboutir à la libération partielle du débiteur. C'est l'étude de ces effets exceptionnels et des conditions dans lesquelles ils peuvent se produire que nous nous proposons de faire.

Nous n'aurons donc rien à dire des cas où l'exécution partielle est sans valeur au point de vue juridique, car ces cas rentrent dans la règle générale dont nous ne recherchons que les exceptions. Leur étude serait la même que celle des effets de l'inexécution des obligations en général, étude beaucoup plus vaste et dont la nôtre n'est qu'un chapitre.

2. L'expression d'exécution partielle d'une obligation a le même sens que celle de paiement partiel.

Le mot paiement, en français, désigne le plus souvent, dans le langage ordinaire, la prestation d'une somme d'argent qui est due. Mais dans un sens plus étendu et plus juridique, il signifie l'extinction d'une obligation par son exécution.

Le mot *solutio* a aussi des sens différents en latin. Dans un sens très général, il désigne tout mode de libération du débiteur. Dans un sens plus étroit, il signifie l'extinction d'une obligation par la prestation exacte de ce qui est dû, c'est-à-dire par son exécution (1).

Ce dernier sens du mot *solutio* correspond donc au sens large du mot français *paiement*, et c'est ainsi que nous disons qu'un paiement partiel est l'exécution d'une fraction de l'obligation.

---

1. Instit. pr *Quib. mod. obligat. toll.* III. 29. — Gaïus, IV, § 168. — L. 54. Dig. *De solut.* 46. 3. — L. L. 47, 176. Dig. *De verb. signif.* 50, 16.

Il suffit donc, pour savoir dans quels cas il y a exécution partielle, de donner la définition du paiement intégral.

3. *Définition*. — Le paiement intégral est celui qui comprend tout ce que le même créancier peut demander au même débiteur, en vertu d'une même cause (1).

Pour qu'un paiement partiel existe, il faut donc : 1° Qu'il y ait unité de cause entre le paiement effectué et celui qui ne l'est pas ; 2° qu'il y ait unité de personnes quant au créancier et au débiteur.

1° Il faut qu'il y ait unité de cause ; autrement il y aurait pluralité d'obligations, autant de dettes que de causes, et le paiement de l'une de ces dettes ne constituerait nullement un paiement partiel ; rien n'est plus régulier qu'un pareil paiement (2).

Mais quand il y a unité de cause, faut-il qu'il y ait encore unité d'objet ? Cela n'est pas nécessaire, et une seule obligation, par exemple, une seule promesse, peut comprendre plusieurs objets à la fois (3). Il est vrai que l'intention des parties peut faire considérer une telle stipulation comme devant donner lieu à autant d'obligations distinctes qu'elle contient d'objets différents, et alors chaque obligation peut être exécutée séparément, sans qu'il y ait d'inexécution partielle.

1. Accarias. *Précis de droit romain*, 3e édit. II, p. 693.
2. L. 15. Dig. *Quibus modis pignus*. 20, 6.
3. Instit. § 18. *De inutil. stip*. III, 19.

L'intention du stipulant est présumée telle, toutes les fois que les divers objets sont énumérés dans la formule de l'interrogation ; si, au contraire, cette énumération fait défaut, la stipulation est réputée une (1). Lorsque, par exemple, plusieurs objets ont été légués par le même testateur à la charge du même héritier au même légataire, la *cautio legatorum* qui les comprend tous en bloc est réputée n'avoir qu'un seul objet (2).

2° Il suffit pour que le paiement soit intégral, qu'il comprenne tout ce que le même créancier peut demander au même débiteur, car s'il n'y a pas unité de créancier et de débiteur, il y a encore pluralité d'obligations.

Toutes les fois qu'il y a plusieurs créanciers ou plusieurs débiteurs, l'obligation qui est une en apparence, se décompose en réalité en autant d'obligations distinctes et indépendantes les unes des autres, qu'il y a de personnes de chaque côté de l'obligation (3).

La théorie des obligations corréales ne fait même pas exception à cette règle, car dans une obligation corréale, c'est la volonté formelle des parties qui empêche l'obligation de se diviser entre elles. Tout

1. L. 32. pr. Dig. *De evict.* 21, 2. — L. L. 86 et 140 pr. Dig. *De verb. obligat.* 45. 1.
2. L. 29 pr. Dig. *De verb. obligat.* 45, 1.
3. De Savigny. *Le droit des obligations,* §§ 16 et 31. — Molitor. *Les obligations en droit romain,* n° 240.

se passe alors comme s'il n'y avait qu'un seul créancier et un seul débiteur, et par suite il ne se forme qu'une seule obligation.

La division des obligations entre plusieurs personnes peut se produire dès l'origine ; elle peut se produire encore lorsque le débiteur ou le créancier est mort laissant plusieurs héritiers. Dans le premier cas, il se forme dès le début autant d'obligations qu'il y a de parties ; dans le second cas, l'obligation primitive se divise en autant d'obligations distinctes les unes des autres qu'il y a d'héritiers (1).

Une seule de ces obligations peut donc être exécutée sans qu'il y ait une véritable exécution partielle.

4. Nous laisserons encore de côté, comme ne constituant pas une véritable exécution partielle, tous les cas où le débiteur a payé moins qu'il ne devait, mais en payant autrement.

Cela comprend d'abord les cas où il a payé autre chose qu'il ne devait, c'est-à-dire les cas de dation en paiement ; si le créancier accepte, ou est forcé d'accepter la chose donnée en paiement, l'exécution de l'obligation doit être considérée comme complète ; seulement la chose due a été remplacée par

---

1. L. 11 §§ 1 et 2. Dig. *De duob. reis*, 45, 2. — L. L. 1 et 2. Code. *Si plures una sentent.* 7. 55. — L. L. 2 § 5. 25 § 1. Dig. *Fam. ercisc.* 10. 2. — L. 25. Dig. *De solut.* 46, 3.

un équivalent. Si au contraire la dation en paiement n'est pas valable, il n'y a absolument rien de fait et l'inexécution est totale.

De même, si le débiteur d'une obligation ayant pour objet une dation ne transfère pas la propriété au créancier, il reste obligé comme si rien n'avait été fait (1).

Le débiteur a encore payé autrement qu'il ne devait, quand le paiement a eu lieu trop tard, où autre part qu'à l'endroit convenu.

Car s'il est vrai de dire alors que le créancier peut n'avoir pas retiré du paiement tout le profit auquel il avait droit, on ne peut dire qu'il y ait eu inexécution partielle. Dans le premier cas, qui est celui de la demeure, l'exécution a eu lieu, mais trop tard, ou, si l'on aime mieux, l'inexécution était totale le jour du terme. De même, dans le second cas, il y a eu inexécution totale à l'endroit désigné, exécution complète ailleurs.

5. Il faut faire observer maintenant que les expressions d'exécution partielle, de paiement partiel, sont susceptibles dans le langage juridique de deux acceptions différentes suivant le mode qui aura présidé au fractionnement de l'obligation. Les parties dans lesquelles se décompose l'exécution peuvent être quelconques ; mais elles peuvent aussi être telles, qu'elles ne diffèrent les unes des autres et du

1. L. 167 pr. Dig. *De regulis juris*, 50, 17.

tout que par la quantité et nullement par la qualité, la division est alors le plus souvent arithmétique et non matérielle.

C'est généralement en parlant d'une division entendue dans ce dernier sens qu'on emploie les mots de paiement partiel; mais par l'expression d'exécution partielle nous entendons toute exécution incomplète; nous n'examinerons la division du paiement en parties semblables entre elles que comme un cas particulier mais des plus importants de notre sujet.

6. Remarquons en terminant sur ces observations préliminaires, qu'une exécution partielle peut être complétée, qu'elle ait été acceptée ou non par le créancier, qu'elle ait produit ou non un effet libératoire. L'exécution partielle disparaît alors et ses effets se confondent dans ceux de l'exécution totale.

Si l'exécution reste partielle, si elle n'est pas complétée, les principes généraux sur l'inexécution des obligations s'appliqueront, et le débiteur sera poursuivi par le créancier selon les règles du droit commun. Seulement si l'exécution partielle a produit un effet quelconque, cet effet subsistera; par exemple, si elle a libéré proportionnellement le débiteur, les poursuites ne pourront être exercées que pour le surplus, tandis que si elle ne l'a pas libéré, les poursuites auront lieu pour le tout.

De sorte qu'en somme, c'est seulement dans le cas où le créancier n'a pu obtenir un paiement intégral, qu'il est intéressant de savoir si le paiement partiel a produit un effet quelconque par lui-même, puisque cet effet disparaît dans l'exécution totale dès que cette dernière est accomplie.

CHAPITRE I

DE LA VALIDITÉ DU PAIEMENT PARTIEL

**L'acceptation d'un paiement partiel n'est pas obligatoire
pour le créancier. — Exceptions.**

*1° Règle générale. — L'acceptation d'un paiement partiel
n'est pas obligatoire pour le créancier.*

7. Le paiement, pour être libératoire, doit être intégral, c'est-à-dire que le créancier ne peut être forcé d'accepter un paiement partiel.

Les principes généraux suffiraient à établir cette règle : une obligation doit en effet être exécutée comme elle a été formée. Par conséquent elle n'est éteinte par le paiement que si la dette a été payée comme elle a été contractée. « *Prout quidque contractum est, ita et solvi debet* » dit Pomponius (1) et les auteurs commentant ce texte, ajoutent : « *Tota deberi cœpit, tota præstari debet.* »

Et en effet, forcer le créancier à recevoir un paiement partiel, ce serait le forcer à accorder un terme pour le paiement du surplus, ce serait modifier sans

1. L. 80 Dig. *de solut.* 46, 3.

son consentement le rapport d'obligation qui existe
entre lui et le débiteur, et méconnaître le principe
que les conventions sont la loi des parties.

L'objet du paiement doit donc être exactement le
même que celui de l'obligation, et il n'est pas plus
possible de payer sa dette par fractions, que de fournir une chose pour une autre, si le créancier n'y
consent pas. Autrement dit, les offres régulières d'un
paiement partiel n'ont pas pour effet de mettre le
créancier en demeure de l'accepter, et la consignation de ce même paiement ne libère pas le débiteur
pour une part proportionnelle.

Le jurisconsulte Paul (1) est bien formel sur ce
point : « *Lucius Titius, cum centum et usuras aliquanti
temporis deberet, minorem pecuniam quam debebat, obsignavit. Quœro, an Titius, pecuniœ quam obsignavit,
usuras prœstare non debeat ?*

*Modestinus respondit, si non hac lege mutua pecunia
data est, uti liceret et particulatim, quod acceptum
est, exsolvere : non retardari totius debiti usurarum
prœstationem, si, cum creditor paratus esset totum sus-
cipere, debitor, qui in exsolutione totius cessabat, solam
partem deposuit.* »

Si la consignation d'un paiement partiel, du moment où la loi du contrat n'autorise pas ce mode de
paiement, n'empêche pas les intérêts de courir pour
la somme due tout entière, c'est que cette consi-

1. L. 41 § 1. Dig. *de usuris* 22, 1.

gnation ne libère en rien le débiteur ; c'est donc qu'un paiement partiel est sans valeur s'il n'a pas été accepté par le créancier.

8. Néanmoins ce principe reconnu par la grande majorité des auteurs a été contesté par quelques-uns, (1) quoique tout le monde soit d'accord pour admettre qu'on ne peut payer une autre chose que celle qui est due. Il est vrai que sur cette dernière question, les textes sont tous absolument formels, et ne laissent place à aucun doute ; ils affirment constamment cette règle : « *Aliud pro alio, invito creditori solvi non potest.* (2)

Au contraire, relativement au paiement partiel, et malgré l'analogie évidente des deux hypothèses, on a pu trouver quelque apparence de contradiction entre les textes.

On s'appuie presque exclusivement, dans l'opinion que nous combattons sur la loi 21 au Digeste, *de rebus creditis* 12, 1.

« *Quidam existimaverunt, neque eum, qui decem peteret, cogendum quinque accipere, et reliqua persequi : neque eum, qui fundum suum diceret, partem dumtaxat judicio persequi. Sed in utraque causa humanius facturus videtur prœtor, si actorem compulerit ad accipiendum id quod offeratur : cum ad officium ejus pertineat lites diminuere.* »

---

1. Alciat d'après Vinnius : *in quat. libr. Instit. comment.* p. 705, de Savigny. Le droit des obligations I § 31.
2. L. 2 § 1 Dig. *de reb. credit.* 12, 1.

On corrobore ce texte par la dernière phrase du
§ 1er aux Institutes, III, 29, et les lois 9 § 1 au Digeste, *de solutionibus* 46, 3, et 2 § 1, de *verborum obli-*
gationibus 45, 1.

Mais ces trois derniers textes n'ont pas la portée
qu'on voudrait leur donner. Il en résulte bien que
la division du paiement est possible, mais il n'en résulte pas qu'elle puisse avoir lieu sans la volonté du
créancier. « Ces textes n'envisagent que la possibi-
lité du paiement partiel considéré en soi » (1). Les
deux derniers, sur lesquels nous aurons à revenir,
en cherchent les effets et montrent que dans certains cas l'objet de l'obligation rend impossible la
division du paiement.

Le passage des Institutes, qui, de ces trois textes
serait le plus favorable à l'opinion contraire, est
ainsi conçu : « *Sicut autem quod debetur, pro parte*
recte solvitur, ita in partem debiti acceptilatio fieri po-
test. »

Justinien, comme Gaïus dans le passage corres-
pondant (IV. § 172), compare ici l'acceptilation au
paiement. Or il ne peut pas y avoir d'acceptilation
sans le consentement du créancier; les Institutes
supposent donc que le paiement partiel a été accepté
par le créancier, et elles disent qu'alors il est vala-

1. Molitor. Les obligations en droit romain no 976. Dans le même
sens : *Vinnius. In quatuor libros Institutionum commentarius* p. 705
Mühlenbruch, *Doct.Pand.* § 466 note 7·

ble ; puis elles posent la question de savoir si l'acceptilation partielle produit les mêmes effets : les règles particulières à l'acceptilation pouvaient en faire
douter.

9. Revenons donc à la loi 21 *de rebus creditis*. Ce
texte a été invoqué en faveur des deux opinions.

L'hypothèse qu'il envisage est très particulière :
si devant le préteur, le débiteur offre de payer une
partie de la dette sur laquelle il ne s'élève pas de
contestation, le magistrat pourra forcer le créancier
à accepter ce paiement partiel.

De Savigny, (1) après Alicat, en tire une règle
générale : la validité du paiement partiel. Mais cette
règle générale ne ressort nullement du texte en question ; au contraire, on a pu soutenir avec raison (2)
que l'exception de la loi 21 ne fait que confirmer la
règle inverse que nous avons posée.

En effet, le jurisconsulte nous apprend que, même
dans cette hypothèse, certains auteurs pensaient
que le créancier pouvait refuser le paiement. Sur
quoi était donc fondée cette opinion ? Evidemment
sur ce que le créancier n'est pas tenu, en général,
d'accepter un paiement partiel ; on ne saurait lui
trouver d'autre explication. Or Julien ne combat pas
ce dernier principe ; il dit seulement qu'il ne faut

1. De Savigny, *Le droit des obligations*, I, § 31.
2. *Vinnius op. et loc. citat.* — Molitor, *Les obligations du droit romain,* no 976.

pas en pousser les conséquences aussi loin, et que par exception et dans un but d'humanité le préteur pourra forcer le créancier à recevoir d'abord le paiement qui lui est offert par le débiteur.

Cette loi 21 *de rebus creditis* ne consacre donc qu'une exception à la règle que nous avons formulée ; à ce titre nous aurons à y revenir pour bien la préciser, et nous verrons en même temps que cette exception n'est pas la seule. Qu'il nous suffise pour le moment de citer la loi 4 § 6 au Digeste (*de statuliberis* 40, 7), dont la rédaction ne peut laisser aucun doute : « *Item, si decem heredi dare jussus fuerit : heres etiam per partes accipere, favore libertatis cogendus sit* ». Il est impossible de dire plus clairement que le paiement partiel n'est valable ici que par exception, et qu'ordinairement le créancier peut le refuser.

10. Comment d'ailleurs, si le paiement partiel était valable, expliquerait-on la loi 41 § I *de usuris*?

D'après de Savigny (1) ce texte n'aurait rien de contraire à la validité de paiement partiel ; il aurait seulement pour but d'en atténuer les inconvénients par une prescription spéciale dans le cas où la dette est productrice d'intérêts ; les intérêts continueraient alors à être dus au créancier pour le tout, malgré la validité de la consignation partielle.

Pour adopter un système aboutissant à un résul-

1. *Op. et loc. cit.*

tat aussi bizarre, il nous faudrait un texte bien formel qui prouvât la validité d'une pareille consignation. La loi 9 au Code (*de solut.* 8,43) montre au contraire qu'un des éléments de validité de la consignation consiste dans son intégralité ; « *Obsignatione
totius debitæ pecuniæ solenniter facta, liberationem con-
tingere manifestum est* ».

A ces différents textes nous ajouterons les lois 46
§§ 1 et 2 et 61 au Digeste (*de solut.* 46, 3), et nous pourrons considérer comme suffisamment établie la règle
que le créancier a le droit de refuser un paiement
partiel.

11. Et cette règle est très légitime : outre qu'elle
est conforme aux principes généraux du droit,
elle est équitable ; la règle contraire serait préju-
diciable aux intérêts du créancier pour lequel un
paiement partiel pourrait avoir de grands inconvénients. « *Sæpe et solutio et exactio partium non minima
incommoda habet* » dit avec raison Gaïus (1).

Il est certain que de petites sommes reçues successivement se dépensent et disparaissent bien plus
facilement qu'une somme considérable reçue en une
fois, et sont d'un placement bien plus difficile. S'il
s'agit d'une *datio rerum quæ pondere numerove constant*, une exécution partielle mettrait les risques à
la charge du créancier sans lui permettre peut-être
d'en tirer aucun profit, car le but qu'il s'est proposé,

1. L. 3 Dig. *Fam. ercisc.* 10, 2.

le motif qui l'a fait stipuler pourront ne se trouver remplis que le jour ou l'exécution complète aura été obtenue. De même, dans une obligation de faire, ne pas exécuter tout ce que l'on a promis, cela revient dans bien des cas au même que si l'on n'avait rien fait.

Il est donc juste que le créancier soit, en règle générale, seul juge de la question de savoir si une modification au contrat, ayant pour résultat l'acceptation d'une exécution partielle n'est pas contraire a ses intérêts.

2° Exceptions.

12. La règle que le créancier n'est pas tenu d'accepter un paiement partiel souffre quelques exceptions.

Et d'abord, il est presque inutile de dire qu'il sera forcé de l'accepter si telle est la loi du contrat ; cela résulte suffisamment des développements qui précèdent.

13. Mais il existe des cas dans lesquels on a dérogé à la règle dans un but de faveur pour le débiteur.

Ainsi nous avons déjà vu que l'esclave affranchi sous la condition de payer dix à l'héritier pouvait s'acquitter de cette obligation par fractions (1).

De même, les fermiers des biens du fisc furent au-

---

1. L 4, § 6, Dig. De statulib. 40, 7.

torisés à acquitter leur prix de ferme par des acomptes chacun d'un tiers au moins de l'annuité (1).

14. La dérogation la plus importante consiste dans le bénéfice de division accordé aux fidéjusseurs. Dans le cas où plusieurs fidéjusseurs s'engagent pour cautionner une seule et même dette contractée par un même débiteur, chacun d'eux est obligé à toute la dette, comme s'il était seul intervenu ; il n'y a pas là une obligation qui se divise entre plusieurs débiteurs : il y a autant d'obligations distinctes que de fidéjusseurs (2).

Lors donc que le créancier réclame le paiement de la dette à l'un des fidéjusseurs, il doit avoir le droit de l'exiger intégralement. et de refuser d'en accepter une partie, en vertu des principes que nous venons d'établir.

Or, c'est bien ainsi que les choses se passaient dans l'ancien droit romain ; mais un tel résultat était très dur pour les fidéjusseurs, de sorte que pour favoriser le crédit et améliorer la situation des cautions sans nuire au créancier, l'empereur Adrien établit par un rescrit le bénéfice de division, grâce auquel la division se faisait entre les fidéjusseurs solvables au moment de la *litis contestatio* (2).

1. L. 4, *Code de collat. fund. patr.* 11, 64.
2. Instit. § 4, *De fidejuss.* III, 21. — Gaïus, *Comment.* III, § 121.
2. Instit. *Eod. loc.*

Cette division était demandée par une exception (1).

Cela n'empêchait pas du reste le fidéjusseur de rester obligé *in solidum* ; grâce au bénéfice de division, le créancier ne pouvait lui demander qu'une part de la dette cautionnée, mais ce bénéfice n'avait pas pour résultat de diviser l'obligation entre tous les fidéjusseurs solvables, de sorte que si l'un d'eux avait, par erreur, payé toute la dette, le paiement était définitif, et la *condictio indebiti* lui était refusée pour réclamer ce qui excédait sa part (2).

Il en était tout autrement d'après la loi *Furia* qui s'appliquait sur le territoire de l'Italie aux *sponsores* et aux *fidepromissores*. D'après cette loi, l'obligation se divisait de plein droit au jour de l'échéance, entre tous les *sponsores* ou *fidepromissores* qui vivaient encore, qu'ils fussent solvables ou non (3). L'*adpromissor* n'était plus tenu que pour une part virile, de sorte que s'il avait payé davantage il pouvait redemander tout l'excédant (4).

Il y avait donc dans la loi *Furia* beaucoup plus qu'une exception au principe que le créancier ne peut être forcé à recevoir un paiement par fractions ; il y avait la division arbitraire d'une obligation entre plusieurs personnes qui avaient contracté sé-

1. L. L. 26 et 28, Dig. *De fidejuss.*, 46, 1.
2. L. 49, § 1, Dig. *De fidejuss.*, 46, 1 ; l. 3, Code *De fidejuss.*, 8, 41.
3. Gaïus. *Comment.* III, § 121.
4. Gaïus. *Comment.*, IV, § 22.

parément, de sorte que l'insolvabilité de l'une d'entre elles retombait en définitive sur le créancier.

Remarquons, d'ailleurs, que le bénéfice de division aboutit aussi à autre chose qu'à une simple dérogation à la règle que le créancier peut refuser un paiement partiel. Il ne faut pas oublier, en effet, que, grâce à ce bénéfice, le fidéjusseur sera complètement libéré une fois qu'il aura payé sa part, de sorte que le créancier n'aura aucun recours contre lui, si pour une raison quelconque il n'obtient pas de chacun des fidéjusseurs solvables au moment de la *litis contestatio*, le paiement de la part dont ils sont tenus eux-mêmes. Un paiement partiel ordinaire ne produit pas un tel effet ; ainsi que nous le verrons, il a pour résultat d'éteindre la dette pour une part équivalente.

Le bénéfice de division entraîne donc non seulement la division des poursuites et du paiement, mais aussi, jusqu'à un certain point, la réunion des obligations primitivement distinctes des fidéjusseurs, en une seule obligation commune à tous ceux qui sont solvables au moment de la *litis contestatio* et qui se divise entre eux.

15. Une autre exception très importante est celle qui résulte de la loi 21 *de rebus creditis*, déjà citée, et dont il faut maintenant préciser la portée.

Ce texte suppose évidemment que le défendeur ne conteste la prétention du demandeur que pour une part ; il reconnaît l'existence de son obligation dans une certaine mesure, et devant le magistrat il offre de l'exécuter dans cette mesure, mais il entend plaider pour le surplus.

Le jurisconsulte dit avec raison qu'il eût été inhumain de ne pas permettre au débiteur de s'acquitter dans la mesure où il offre de le faire. C'eût été en effet lui enlever le bénéfice de sa bonne foi, chose d'autant plus injuste qu'il est exposé, s'il succombe dans le procès, à subir les peines des plaideurs téméraires, particulièrement à payer le montant de la *sponsio pœnalis,* ou à voir doubler le montant de sa condamnation dans les actions qui croissent au double en cas *d'infitiatio.*

Ainsi dans la procédure *in jure* le magistrat pouvait refuser de délivrer la formule au créancier qui n'acceptait pas la satisfaction partielle que lui offrait le débiteur (1).

16. On a voulu voir (2) une autre exception à notre règle dans les délais qui pouvaient être accordés au débiteur *confessus in jure* ou condamné, pour lui donner le temps de se procurer de l'argent (3).

Mais rien dans les textes ne prouve qu'en accordant ces délais le magistrat et le juge eussent le

---

1. Conf. l. 8, Dig., *si pars hered.,* 5, 4.
2. Poutier, *Du Paiement,* Thèse pour le doctorat, 1854.
3. L. 6, § 6, Dig. *De confessis,* 42, 2 ; l. 31, Dig. *de re jud.,* 42, 1 ; l. 21, Dig. *De judiciis,* 5, 1.

droit de les échelonner, ou encore de n'accorder un délai que pour une partie de la dette. L'hypothèse d'un débiteur *confessus in jure* ou condamné est en effet bien différente de la précédente.

Ce débiteur n'a plus rien à contester, il n'a plus qu'à payer. Il n'y a plus de raison pour qu'il ait le droit d'exiger, comme le débiteur qui ne conteste qu'une partie de la demande devant le magistrat, que le paiement se fasse par fractions. Le créancier au contraire, peut préférer recevoir tout en même temps, quitte à recevoir plus tard ; il n'y a donc pas de raison pour rien changer à la manière dont le paiement devait s'effectuer, si ce n'est l'époque à laquelle il devait avoir lieu.

17. Il n'est peut-être pas très exact de dire, comme le font les Institutes (1) que la compensation a pour effet de forcer le créancier à se contenter d'une exécution partielle; car la compensation, tout au moins lorsqu'elle a été admise par le juge, a pour effet de faire considérer comme éteinte la partie de la dette qui se trouve compensée. Le débiteur qui paye le surplus paye donc tout ce qu'il doit ; son obligation est éteinte pour partie ; en réalité elle n'est donc pas exécutée d'une façon incomplète.

D'ailleurs, la dette avec laquelle le créancier est obligé de compenser sa créance suppose un fait

1. § 39, *de actionibus*, IV, 6.

volontaire et libre de sa part, de sorte qu'il ne serait
pas vrai de dire qu'il subit malgré lui le paiement
partiel résultant de la compensation (1)

Quoi qu'il en soit, la compensation peut avoir pour
résultat l'extinction complète de l'obligation, et par
conséquent son inexécution totale. Elle ne constituerait donc pas une exception particulière à la
règle qui nous occupe ; ce serait une exception au
principe général que les débiteurs doivent exécuter
leurs obligations.

18. Sous ce dernier rapport nous en dirons autant
de l'action *de peculio*, et généralement de tous les cas
où le débiteur ne peut être condamné que *in id quod
facere potest* (2). Sans doute, dans ces différents cas
le créancier n'obtient le plus souvent qu'une satisfaction partielle, et l'obligation ne se trouve éteinte
que pour cette part, de sorte que le créancier, au
moins dans le dernier état du droit, pourra de nouveau intenter l'action, si plus tard les circonstances
lui permettent d'espérer un complément d'exécution. Mais il peut arriver aussi que le créancier ne
reçoive rien. Ce bénéfice n'a donc pas d'effets particuliers à l'inexécution partielle et il nous suffira de
l'avoir cité.

1. Molitor, *op. cit.*, n° 238.
2. Instit., §§ 36, 37, 38, 40, *de actionibus*, IV, 6.

CHAPITRE II

Le paiement partiel entraîne la libération partielle du débiteur. — Cas dans lesquels la libération partielle est impossible.

1° Le paiement partiel entraîne la libération partielle du débiteur. A quelles conditions.

19. Supposons maintenant que le créancier a accepté le paiement partiel qui lui était offert par le débiteur, ou bien encore qu'il était forcé de l'accepter, soit parce qu'il s'y était engagé, soit parce qu'il se trouvait dans un de ces cas exceptionnels où nous avons vu qu'il n'est pas libre de le refuser.

Il faut étudier quels seront les effets de ce paiement partiel sur l'obligation principale et sur les obligations accessoires.

20. Quant à l'obligation principale, le paiement partiel ne peut évidemment avoir d'autre effet que d'entraîner une libération proportionnelle du débiteur, si la nature de la dette n'y met pas d'obstacle.

« *Qui decem debet, partem solvendo in parte obligatio-*
nis liberatur, et reliqua quinque sola in obligatione rema-
nent. Item qui Stichum debet, parte. Stichi date, in
reliquam partem tenetur » (1).

21. Le jurisconsulte Marcellus (2) donne de cette
règle une application particulière intéressante. Grâce
à cette libération proportionnelle au paiement, le
créancier qui veut faire remise au débiteur d'une
partie de sa dette peut employer un procédé qui a
sur l'acceptilation les avantages du pacte *de non*
petendo, et sur ce dernier l'avantage d'opérer la libération du débiteur *ipso jure*.

Ce procédé consiste pour le créancier à accepter
un paiement partiel, par exemple la moitié de la
chose due, à retransférer au débiteur la propriété
de la chose ainsi payée, et à la recevoir de nouveau
en paiement. Le débiteur se trouve ainsi complètement libéré par un paiement partiel réitéré.

On avait, paraît-il, révoqué en doute la validité

1. L. 9, § 1, Dig. *De solut.* 46, 3. — Cf. *Instit.* § 1, *in fine, Quib.*
mod. oblig. toll. III, 29.

2. L. 67, Dig. *De solut.* 46, 3 : « *Si quis duos homines promiserit,*
et Stichum solverit : poterit ejusdem Stichi dominium postea conse-
cutus, dando liberari. In nummis minor, vel prope nulla dubitatio
est ; nam et apud Alfenum Servius eum, qui minus a debitore suo
accipere, et liberare eum vellet, respondit, posse sœpius aliquos num-
mos accipiendo ab eo, eique retro dando, ac rursus accipiendo, id effi-
cere : Veluti si centum debitorem decem acceptis liberare creditor velit,
ut cum decem acceperit, eadem ei retro reddat, mox ab eo accipiat, ac
novissime retineat : etsi in dubitationem a quibusdam hoc male de-
ducatur ; quod non possit videri is, qui ita accepit, ut ei, a quo accepit,
retro reddat, solvisse potius, quam decessisse. »

de cette opération en tant que paiement. En effet, celui qui paye à condition que la chose payée lui soit restituée n'est pas libéré (1), car ce n'est pas là un véritable paiement, le *jus dominii* n'étant pas réellement transféré à celui qui ne peut l'exercer un seul instant. Mais une telle condition n'existe pas dans l'hypothèse où se place Marcellus avec Servius. Le paiement partiel est effectué purement et simplement ; le créancier a le droit de le garder, mais s'il a le dessein d'en restituer le montant pour que ce même paiement lui soit renouvelé par le débiteur, rien ne saurait l'empêcher de mettre ce dessein à exécution, et en le faisant, il ne consent pas une remise de la dette, de sorte que le débiteur fait bien deux ou plusieurs paiements successifs qui ont pour effet de le libérer *ipso jure*.

22. Pour que le paiement partiel entraîne la libération du débiteur, il faut que l'on puisse déterminer exactement dans quelle proportion le débiteur est libéré, car il ne peut y avoir de libération indéterminée. Tant que l'on ne sait pas d'une manière précise ce que le débiteur doit encore, il n'est libéré en rien puisqu'il est impossible de dire si une part de la dette, même la plus petite possible se trouve éteinte.

Or pour déterminer dans quelle proportion la dette se trouve éteinte, il faut d'abord savoir pour

1. L. 55, Dig. *De solut.* 46, 3.

quelle proportion le paiement a été effectué, et c'est un point qu'il n'est possible de fixer absolument que si la fraction payée est arithmétiquement comparable à celle qui est encore due, c'est-à-dire si la prestation qui fait l'objet de l'obligation est susceptible d'être divisée en parts exactement semblables entre elles, et même semblables par la qualité au tout, dont elles ne diffèrent que par la quantité.

Or cette division peut s'opérer matériellement et intellectuellement; mais il suffit qu'on puisse la concevoir intellectuellement, pour qu'elle existe au point de vue juridique (1).

Ainsi l'obligation de fournir dix mesures de blé peut se décomposer même matériellement en parties semblables entre elles; on peut fournir séparément une mesure, et ce paiement partiel entraînera libération pour la dixième partie de la dette. Au contraire, l'obligation de donner Stichus et Pamphile n'est pas susceptible d'une division matérielle en parts semblables entre elles, mais on peut devenir copropriétaire de deux esclaves pour une part quelconque et cette division intellectuelle permet aussi une libération partielle (2).

On appelle obligations divisibles, les obligations

1. Molitor, *op. cit.* n° 229.
2. L. 54 pr. Dig. *De verb. oblig.* 45, 1. — L. 29 Dig. *De solut.* 46, 3.

dont l'objet est susceptible d'une pareille division. Les autres sont les obligations indivisibles.

23. Remarquons à propos de l'exemple que nous venons de citer, de l'obligation de donner Stichus et Pamphile, qu'une pareille obligation, quoiqu'elle ne soit pas susceptible d'une division matérielle en parts semblables entre elles, pourra néanmoins faire l'objet de paiements successifs des deux objets qu'elle comprend. Nous avons déjà dit que dans certains cas, une seule et même obligation pouvait comprendre plusieurs objets à la fois ; il en résulte que le créancier pourra refuser le paiement d'un seul de ces objets ; mais s'il l'accepte, le débiteur sera libéré de cette prestation.

Sans doute on ne pourra dire dans quelle proportion il sera libéré par rapport à la dette entière, mais il est néanmoins très facile de préciser exactement sur quoi porte sa libération. S'il devait Stichus et Pamphile, après avoir donné Stichus, il ne devra plus que Pamphile, et s'il ne donne pas Pamphile, il sera condamné à en payer la valeur qui sera estimée par les mêmes procédés que l'aurait été celle de Stichus et Pamphile, s'il n'avait donné ni l'un ni l'autre.

En réalité une obligation qui comprend plusieurs objets différents est une, en ce sens que le créancier peut refuser un paiement partiel, mais si le créancier l'accepte, elle doit être considérée au point de

vue de la libération que cette acceptation entraîne,
comme s'il y avait autant d'obligations distinctes que
d'objets.

2° *Cas dans lesquels la libération partielle est impossible.*

24. *Obligations indivisibles.* — Il est facile de se
rendre compte qu'il y a en réalité deux sortes d'obligations indivisibles : celles dont la prestation pour
partie est inconcevable, et par suite absolument impossible, comme l'obligation d'affranchir un esclave
ou de ne pas l'employer à tel genre de travail ; et
celles qui sont susceptibles d'une exécution partielle,
mais dont l'objet ne peut être divisé arithmétiquement : telle est l'obligation de construire une maison. En fait on peut construire une partie seulement
de la maison, mais on ne peut dire mathématique-
ment quelle est la valeur de cette partie par rapport
au tout (1).

Les premières de ces obligations indivisibles ne
nous intéressent nullement ; quant aux secondes,
nous devons faire remarquer qu'elles ne sont pas susceptibles d'un paiement partiel, car leur exécution
pour partie ne saurait avoir la valeur d'un paiement
puisqu'elle ne pourrait aboutir à une libération

---

1. L. 72 pr. Dig. *De verb. oblig.* 45, 1. — L. 80, § 1, Dig. *ad leg.*
Falc. 35, 2. Le premier de ces textes range à tort la stipulation *fun-*
dum tradi et la stipulation *operarum* parmi celles qui ne sont pas susceptibles d'un paiement partiel.

même partielle. Un pareil paiement n'est donc possible que si l'obligation est divisible.

25. Il n'entre pas dans notre sujet de faire une étude, même peu approfondie de l'indivisibilité, de dire quelles obligations sont divisibles, et quelles ne le sont pas.

Il nous suffit d'avoir posé cette règle qu'un paiement partiel n'est libératoire, et n'est par conséquent possible, que s'il porte sur une dette dont l'objet puisse être divisé en parts semblables entre elles, et ne différant du tout que par la quantité.

Reconnaître quelles obligations répondent à cette définition n'est plus qu'une question de fait, plus ou moins facile à trancher. Pour la résoudre en cas de difficulté, le plus sûr est d'examiner toujours, non pas tant l'objet de l'obligation pris en lui-même ou la nature de la prestation, que la manière dont l'obligation est exécutée. Encore une fois, aussi souvent qu'il sera possible de déterminer exactement pour quelle part le débiteur est libéré, le paiement partiel sera possible, et c'est ce qu'il est facile de vérifier par l'examen de quelques-unes des hypothèses qui ont donné lieu à des difficultés.

26. Ainsi, les textes montrent bien qu'en général les obligations de faire sont indivisibles (1), et cela se conçoit, car il n'est pas possible de décomposer

---

1. L. L. 2 § 5, 72, 85 § 2, Dig. *De verb. oblig.* 45, 1. — L. 80 § 1, Dig. *ad leg. Falc.* 35, 2.

un fait en parties ayant la même qualité que le tout. Mais il ne faudrait pas ériger le principe en règle absolue, car toutes les fois qu'une telle obligation aura pour but de fournir au créancier une prestation divisible, la libération partielle sera possible.

C'est ce qui arrive notamment dans les obligations *tradendi et restituendi*, même quand elles ne constituent pas une obligation *dandi*. Ulpien nous en fournit un exemple (1). Il s'agit du dépôt d'une somme d'argent renfermée dans un sac ficelé et cacheté ; Ulpien décide que la restitution pourra se faire pour partie.

En effet, le sac est ici sans importance ; c'est la somme d'argent qui constitue le seul intérêt du dépôt. Si donc le débiteur restitue la moitié de la somme, comme on peut dire exactement de combien il est libéré, cette restitution partielle est parfaitement valable, quoique l'obligation de restituer soit en général indivisible quand elle ne contient pas de dation.

De même la remise d'une dette constitue bien un *facere,* et cependant elle peut n'être faite que pour partie, si la dette est divisible (2).

L'obligation d'un *facere* est encore divisible lorsqu'elle est déterminée, non par le fait, mais par le temps, comme par exemple : l'obligation de prester

---

1. L. 1 § 36, Dig. *dep. vel contra,* 16, 3.
2. L. 7 pr. Dig. *de lib. leg.* 34, 3. — L. L. 9, 10, 13 § 1, 17, Dig. *de accept.* 46, 4.

plusieurs journées de travail, et en général tous les travaux qui ont un caractère indéterminé (1). Il est clair que celui qui a promis de prester dix journées de travail a exécuté la moitié de son obligation lorsqu'il en a fourni cinq.

27. Les obligations *non faciendi,* au contraire, ne sont jamais susceptibles d'un paiement partiel, car un tel paiement n'est même pas concevable. Le fait défendu a été ou n'a pas été exécuté, il n'y a pas de milieu.

Il en est ainsi alors même qu'une pareille obligation est divisible entre les débiteurs s'il y en a plusieurs ; c'est ce qui arrive dans certaines obligations *faciendi* ou *non faciendi* qui ont pour but principal de faire obtenir au créancier une somme d'argent à titre de dommages et intérêts en cas d'inexécution ; (2) ces dommages et intérêts peuvent se diviser entre les débiteurs ; l'inexécution partielle est même alors possible au moins en apparence. Par exemple en cas de promesse, *amplius non agi* si un seul des héritiers du débiteur viole cette promesse, il sera seul tenu et pour sa part seulement, des dommages et intérêts. (3) Mais l'inexécution partielle est impossi-

---

1. L. L. 3 § 1, 7 § 6, 8 pr. 9, 15 § 1, Dig. *de oper. libert.* 38, 1. — L. 54 § 1, Dig. *de verb. oblig.* 45, 1.

2. L. 2 § 2, Dig. *de stip. præt.* 46, 5. — L. L. 27, 40 § 3, Dig. *de damno infecto,* 39, 2.

3. L. 4 § 1, Dig. *De verb. oblig.* 45. 1. — L. 18, Dig. *ratam rem hab.* 46, 8.

ble s'il n'y a qu'un débiteur et qu'un créancier, et nous n'avons à envisager que cette hypothèse, car la pluralité de débiteurs ou de créanciers engendre la pluralité d'obligations.

Or chaque fois qu'une de ces obligations peut, sans que cela nuise au créancier, être exécutée d'une manière distincte des autres qui formaient avec elle l'obligation primitive, le débiteur fournit tout ce qu'il doit en l'exécutant séparément et dans la mesure où il est tenu de la dette. Il n'y a donc pas en réalité d'inexécution partielle, ainsi que nous l'avons déjà dit ; il y a division de l'obligation primitive en un certain nombre d'obligations distinctes les unes des autres.

28. Passons maintenant aux obligations *dandi*, c'est-à-dire aux obligations qui consistent à transférer un droit réel sur une chose. On distingue ordinairement les obligations qui ont pour objet la dation d'une chose corporelle, c'est-à-dire le transfert de la propriété d'une chose matérielle, et les obligations qui ont pour objet la dation d'une chose incorporelle. Il est certain que les premières doivent être susceptibles d'un paiement partiel puisque les choses matérielles consistent toujours en quantités divisibles au moins intellectuellement. Quant aux secondes on fait des distinctions.

Nous dirons d'une manière générale que tout droit dont l'exercice procure une chose corporelle détermi-

née par la quantité est divisible, sans distinguer entre
le droit de propriété et les autres droits réels. Mais
il est essentiel que la chose procurée soit bien déterminée en quantité, de manière qu'on connaisse
exactement la valeur du paiement partiel par rapport
au tout. Ainsi, les servitudes sont des droits incor-
porels. Mais l'exercice de ces droits peut procurer
une chose corporelle : par exemple, la servitude de
prise d'eau, procure de l'eau, chose corporelle.

Or l'obligation de constituer une servitude prédiale n'est jamais susceptible d'un paiement partiel,
parce que même quand le droit de servitude procure
une chose corporelle, cette chose n'est jamais déterminée en quantité ; le droit de servitude n'est déterminé que par sa qualité. En effet, il est de l'es-
sence même de toute servitude prédiale d'être établie pour les besoins du fonds dominant ; et la
quantité de ces besoins ne saurait être déterminée
d'avance. Ainsi la servitude de prise d'eau a pour
but de procurer de l'eau au fonds dominant, mais la
quantité d'eau dont le fonds dominant a besoin n'est
pas déterminée ; elle peut varier suivant les saisons,
et même chaque jour. On ne peut donc constituer
une telle servitude pour une part divise. On ne peut
constituer une moitié de servitude prédiale ; une
telle division n'est même pas concevable. (1)

1. L. 17 Dig. *De servit.* 8, 1. L. 25 § 9 Dig. *fam. ercisc.* 10. 2 —
L. L. 2 § 1, 72 pr. Dig. *De verb. oblig.* 45, 1.

3

Au contraire les servitudes personnelles peuvent procurer la jouissance d'une chose corporelle bien déterminée en quantité.

L'usufruit procure à l'usufruitier tous les fruits produits par un fonds ; l'usufruit peut donc être constitué partiellement (1), puisqu'il procure la jouissance d'un fonds, chose déterminée en quantité et divisible intellectuellement. Celui qui a promis de constituer l'usufruit pourra donc faire un paiement partiel et ne constituer l'usufruit que pour moitié ; les fruits se partageront également entre le propriétaire et l'usufruitier.

Il en était autrement de la servitude d'usage à partir de l'époque où l'usage a donné droit à une certaine quantité de fruits ; car les fruits perçus par l'usager sur un fonds n'étaient déterminés que par ses besoins ; or la moitié, le quart des fruits produits par le fonds pouvaient suffire à ses besoins, comme aussi les trois quarts pouvaient n'y pas suffire ; il était donc impossible d'acquitter pour partie la promesse de constituer un droit d'usage. (2)

Et cependant cela devient possible si l'usage porte sur un capital ou une quantité déterminée de choses fongibles; il est vrai que l'usage devient alors un véritable quasi-usufruit. (3)

1. L. L. 5, 49 Dig. *De usufr.* 7, 1. — L. 5 § 2 *Si ususfr. pet.* 7, 6. — L. L. 1 § 9, 81 *pr. ad leg. falc.* 35, 2.
2. L. 19, Dig. *De usu et habit.* 7, 8.
3. L. 5 § 2, Dig. *De usufr. car. rer. quæ usu consum.* 7, 5.

Quant au *jus habitationis*, il permet à son titulaire
de donner la chose en location, (1) c'est-à-dire de
percevoir les fruits civils qui ne sont pas limités par
les besoins de la personne : l'obligation de constituer un droit d'habitation pourra donc donner lieu
à un paiement partiel valable (2), car le propriétaire
et le titulaire du droit pourront se partager les fruits
civils dans une proportion bien déterminée.

29. *Obligations de genre et obligations alternatives*. —
Parmi les obligations *dandi*, il en est dont la forme
s'oppose à un paiement partiel libératoire, quoique
leur objet soit divisible en parts semblables entre
elles. Ce sont les obligations de genre indéterminées
dont l'objet ne se divise pas *numero*, et les obligations alternatives.

30. Les obligations génériques qui ont pour objet
une somme de choses fongibles, comme : tant de
mesures de blé, d'huile, telle somme d'argent, ces
obligations qui se divisent *numero*, peuvent toujours
donner lieu à un paiement partiel immédiatement
libératoire ; (3) car la division matérielle de la prestation, en plusieurs prestations semblables entre
elles par la qualité est alors possible, et ces différentes prestations ajoutées les unes aux autres

---

1. Instit. § 5 *De usu et habit.* II. 5.
2. *Molitor. op. cit.* nº 232.
3. L. L. 54 pr., 85 §§ 1 et 4, 117, *Dig. de verb. oblig.* 45, 1. — L. L.
9 § 1, 29 *in fine*, 94 § 1. Dig. *De solut.* 46, 3.

finissent bien par former une prestation adéquate
à l'objet même de l'obligation.

Mais si l'obligation de genre est indéterminée, et
telle qu'en se déterminant par l'exécution elle
aboutisse à la dation d'une *species*, d'une chose non
fongible, le paiement partiel pourra être rendu impossible, si le choix de la *species* appartient au débiteur ; et il en est de même dans l'obligation alternative.

31. Prenons des exemples :

Primus doit cent esclaves, cent chevaux ; cette
obligation peut se diviser matériellement.

Primus pourra fournir cinquante esclaves, cinquante chevaux et être libéré de la moitié de sa dette ; rien ne s'y oppose. (1)

Primus doit un esclave, un cheval. Si le choix du
cheval ou de l'esclave appartient au créancier, rien
ne s'oppose encore à ce que Primus lui donne l'esclave ou le cheval pour une part de propriété égale
à la moitié. Si le créancier accepte ce paiement
partiel, par cette acceptation il est considéré comme
ayant fixé son choix et Primus sera libéré pour la
moitié de sa dette.

Mais si le choix appartient au débiteur Primus,
et que devant un esclave, il donne la moitié de
l'esclave Stichus, ce paiement pourra n'avoir aucune

1. L. 117 Dig. *De verb. oblig.* 45, 1.

valeur. (1) Car en donnant la moitié de Stichus, Primus n'a pas perdu le droit de choisir ; ce droit n'est perdu que quand son obligation est complètement éteinte. (2)

Sans doute il aurait pu en être autrement, et Primus aurait pu être considéré comme ayant exercé définitivement son choix en payant la moitié de Stichus ; mais telle n'était pas la solution du droit Romain.

32. Or il est évident que Primus ne peut donner d'abord la moitié de Stichus puis la moitié de Pamphile, car ce faisant, il n'accomplirait pas son obligation, qui est de donner un esclave ; deux moitiés d'esclave ne font pas un esclave.

Le paiement de la moitié de Stichus ne sera valable que si plus tard l'autre moitié de Stichus est donnée. (3) Tout restera donc en suspens jusqu'au moment où le débiteur Primus aura complété son paiement, ou bien changeant d'avis, aura repris la moitié de Stichus, ce qu'il ne pourra faire d'ailleurs qu'en offrant en même temps un autre esclave.

---

1. L. 9 § 1, Dig. *De solut.* 46. 3: « *Qui autem hominem debet : partem Stichi dando, nihilominus hominem debere non desinit. Denique homo adhuc ab eo peti potest.* » Cf. L. 34, § 1 Dig. eod. tit.

2. L. L. 106 et 138 § 1, Dig. *De verb oblig.* 45, 1.

3. L. L. 9 § 1 *in fine*, 34 § 1, Dig *De solut.* 46, 3. — Ce dernier texte envisage le cas où il y a deux créanciers solidaires. Mais cela importe peu au point de vue de l'application des principes à la division du paiement, car deux créanciers solidaires ne forment, pour ainsi dire qu'une personne juridique. C'est le contraire quand il y a deux créanciers d'une obligation indivisible.

Et il en est absolument de même si Primus doit Stichus ou Pamphile, c'est-à-dire s'il est débiteur d'une obligation alternative, sans que le choix ait été réservé au créancier (1).

33. On voit en somme que dans ces différents cas le paiement partiel n'est pas absolument impossible; seulement il ne peut avoir aucun effet immédiat. Il ne serait pas exact de dire que l'obligation est par elle-même indivisible (2); l'application des principes nous conduit plutôt à décider que le paiement partiel est possible, mais n'entraîne qu'une libération conditionnelle, et les textes ne s'opposent pas à cette manière de voir.

Ulpien dans la loi 26 § 13 au Digeste (*de Cond. indeb.* 12, 6.) lui est même tout à fait favorable.

Le jurisconsulte se place dans l'hypothèse d'une obligation alternative. « *Si decem aut Stichum stipulatus, solvam quinque : quœritur an possim condicere ? Quœstio ex hoc descendit, an liberer in quinque : nam, si liberor cessat condictio : si non liberor erit condictio ?... »*

La question est donc de savoir s'il y a libération partielle. Ulpien répond que cette question reste en suspens. Il ne peut y avoir immédiatement libération partielle, car de même qu'une obligation dont la formation est soumise à une condition ne se forme

1. L. 15 de leg. 31 (2) L.L. 2 § 1, 85 § 4 Dig. de verb. oblig. 45, 1. L. 34 § 10 Dig. *de solut.* 46, 3.
2. L. 2 §§ 1, 3 et 4 Dig. de verb. oblig. 45, 1.

définitivement qu'à l'arrivée de la condition, de
même une libération conditionnelle n'est définitivement acquise que si la condition se réalise. C'est ce
que montre bien la suite du texte. « *Placuit autem
(ut Celsus lib. 6, et Marcellus lib. 20 Digestorum, scrip-
sit) non perimi partem dimidiam obligationis : ideoque
eum qui quinque solvit, in pendenti habendum, an libe-
raretur, petique ab eo posse reliqua quinque, aut Stichum !...* »

Si donc le débiteur paye les cinq qui restent dus,
ce nouveau paiement aura pour effet de rendre définitivement valable le premier paiement qu'il aura
fait ; mais il ne pourra répéter ce premier paiement
que s'il offre de donner Stichus ; car c'est seulement
alors que son choix sera devenu définitif.

« *Et, si præstiterit residua quinque, videri eum et in
priora solvisse : si autem Stichum præstitisset, quinque
eum posse condicere, quasi indebita : sic posterior solutio
comprobabit, priora quinque utrum debita, an indebita
solverentur...* »

Ce texte est on ne peut plus clair : il applique rigoureusement les principes. Ainsi dans les obligations génériques qui ne se divisent pas *numero*, et
dans les obligations alternatives, le paiement partiel est en somme possible, mais ne peut jamais avoir
un effet immédiat ; la libération du débiteur est conditionnelle.

CHAPITRE III

Effets, sur l'obligation accessoire, d'un paiement partiel valable.

34. Ordinairement l'obligation accessoire suit le sort de l'obligation principale (1) de sorte que si cette dernière se trouve éteinte pour partie par l'effet d'un paiement partiel, la première est éteinte pour une part équivalente. C'est ce qui arrive dans le cautionnement. La caution sert à garantir la solvabilité du débiteur ; si ce dernier a payé la moitié de sa dette, le créancier n'est plus intéressé à être garanti contre les risques de son insolvabilité que pour l'autre moitié : l'obligation de la caution se restreint donc à garantir le paiement de cette moitié.

Mais il n'en est pas de même dans toutes les obligations accessoires ; certaines d'entre elles subsistent pour le tout, tant que l'obligation principale n'est pas complètement éteinte, car s'il en était autrement, le but poursuivi par le créancier pourrait n'être pas atteint : il en est ainsi dans la stipulation de peine, le gage et l'hypothèque.

1. L. 43. Dig. *de solut.*, 46, 3.

35. *Stipulation de peine.* — La stipulation de peine a pour objet d'assurer la prestation d'un fait ou d'une abstention que le stipulant désire obtenir. On peut donc dire qu'elle est la sanction convenue d'une obligation.

Cette stipulation se présente sous deux formes principales dont voici les deux types : *Pamphilum dare spondes ? Si non dederis, centum dari spondes ? — Si Pamphilum non dederis, centum dari spondes ?* (1).

36. Dans la première hypothèse, c'est évidemment Pamphile qui est dû et le caractère accessoire de la stipulation de peine apparaît clairement. Dans la seconde hypothèse, les uns ne voyent qu'une obligation conditionnelle ordinaire, les cent sont *in obligatione*, et Pamphile est seulement *in facultate solutionis*; les autres estiment qu'il faut distinguer et qu'il y a lieu de rechercher l'intention des parties. Ils admettent sans doute que la promesse d'une somme d'argent sous une condition à la fois potestative et négative n'a pas toujours le caractère d'une stipulation de peine. Mais le fait potestatif qui figure dans la stipulation est un fait à l'accomplissement duquel le créancier a intérêt, ils estiment qu'on se trouve en face d'une véritable stipulation de peine régie par les mêmes règles que si elle était conçue dans la forme : *Pamphilum dare spondes? Si non dederis, centum dari spondes?* De sorte que l'objet prin-

1. L. 115 § 2. Dig. *de verb. oblig.* 45, I.

cipal de l'obligation est encore en réalité Pamphile,
et la peine n'est que l'accessoire destiné à en assurer l'exécution.

Nous n'avons pas à prendre parti dans ce dissentiment. Si la peine est *in obligatione*, s'il n'y a pas d'o-
bligation accessoire, nous n'avons pas à nous occuper ici d'une telle stipulation ; nous lui applique-
rons les règles que nous avons fait connaître concernant les effets d'un paiement partiel sur l'obligation principale. Or, nous cherchons maintenant
quels sont les effets de ce paiement partiel sur l'o-
bligation accessoire quand cette obligation est le
résultat d'une stipulation de peine; nous devons
donc nous placer au point de vue du système d'a-
près lequel la peine, quelle que soit la forme dans laquelle elle a été contractée, est une obligation accessoire.

37. Ce dissentiment se rattache d'ailleurs à une
controverse plus générale qui porte sur la nature
juridique de la stipulation de peine, les uns (1) ne
la considérant dans tous les cas que comme un contrat conditionnel ordinaire, les autres (2) présentant
la peine comme l'accessoire d'un contrat principal
dont l'inexécution lui sert de condition ; la stipulation de peine, d'après les derniers est bien condi-

1. Doneau, Wolf, Ducaurroy, Accarias.
2. Vangerow, lehrbuch III, p. 338. — M. Labbé sur Ortolan, app.
III, p. 809.

tionnelle dans sa forme, mais au fond elle est une sanction.

A notre point de vue, ces deux systèmes aboutissent au même résultat : l'indivisibilité de la stipulation de peine. La peine sera due pour le tout si l'exécution complète du fait à l'inexécution duquel sa commise est subordonnée, n'est pas obtenue.

Dans une théorie plus ancienne, qui était celle de Dumoulin et de Pothier et qui est généralement abandonnée aujourd'hui, on considérait la stipulation de peine comme une évaluation anticipée de dommages et intérêts ; dans cette théorie, il est difficile d'expliquer les textes sur l'indivisibilité de la stipulation de peine.

38. Avant d'examiner ces textes, remarquons bien que l'indivisibilité de la stipulation de peine, n'a pas pour effet de rendre indivisible la peine, ni l'obligation principale.

Et d'abord la peine n'est pas indivisible ; cela résulte des principes généraux : car si la relation de la peine avec l'obligation principale a pour effet de rendre nécessaire la commise totale de la peine, rien n'empêche le créancier, cette commise pour le tout ayant eu lieu, d'accepter de son débiteur un paiement partiel, puisque l'objet de la peine est susceptible d'un pareil paiement.

D'autre part, l'adjonction d'une stipulation pénale ne saurait changer la nature de l'obligation princi-

pale ; si cette dernière est divisible elle pourra donc
être accomplie par fractions, elle pourra donner lieu
à une succession de paiements partiels. Seulement
si le paiement intégral n'est pas obtenu, le paiement partiel déjà fait n'empêchera pas la commise
totale de la peine. Mais ce paiement partiel n'était
pas sans valeur, et si le débiteur peut le redemander une fois qu'il a payé la peine, ce n'est pas par
la *condictio indebiti*, car il avait payé ce qu'il devait,
c'est plutôt par la *condictio sine causa*, parce qu'en
la gardant le créancier qui a touché toute la peine
s'enrichirait injustement aux dépens du débiteur.

On voit qu'ici comme dans les obligations de genre
et les obligations alternatives le paiement partiel
n'aura réellement de valeur qu'à la condition d'être
complété.

39. Nous avons dit que les deux théories généralement adoptées aboutissent à ceci : que la peine
sera due pour le tout même si une exécution partielle a eu lieu.

Il faut maintenant expliquer pourquoi et montrer
ensuite que les textes sont d'accord avec ces théories.

Dans l'une comme dans l'autre de ces théories,
on considère que la stipulation pénale est une stipulation conditionnelle; dans la seconde, il est
vrai, on estime qu'elle n'a pas exclusivement ce
caractère, et qu'elle est avant tout une sanction;

mais on lui applique les règles de stipulations con-
ditionnelles toutes les fois qu'elles ne sont pas con-
traires au but poursuivi par les parties et à l'idée
de sanction. Or il est de principe que les conditions
doivent s'accomplir indivisément, sauf l'intention
contraire des parties. Lorsqu'on stipule : *Pamphilum
dare spondes? Si non dederis centum spondes?* La dation de Pamphile qui figure dans la première stipulation *in obligatione,* n'est plus mise dans la seconde
que *in conditione* ; et tant que cette dation n'est pas
accomplie pour le tout, la condition se trouve complètement réalisée, et la peine est due en entier.

Ce résultat est conforme au but de la stipulation
de peine et à l'intention des parties. La peine a été
stipulée par le créancier pour éviter les difficultés
de l'évaluation du préjudice qui lui serait causé en
cas d'inexécution ; il a pu accepter un paiement
partiel dans l'espérance que ce paiement serait
complété, sans renoncer pour cela au bénéfice de la
peine entière pour le cas où il n'obtiendrait pas le
paiement intégral ; la peine est une sûreté destinée
à assurer autant que possible le paiement ; si le
paiement n'est pas obtenu tel qu'il est dû, la peine
doit être payée au créancier comme il l'a stipulée,
quitte à ce qu'il soit forcé de restituer le paiement
partiel qu'il avait provisoirement accepté.

Ainsi l'intention des parties n'étant pas que la
condition puisse se diviser, le principe de l'indivi-

sibilité de la condition nous conduit à dire que la peine est commise pour le tout, même en cas d'exécution partielle.

40. Or les textes confirment cette solution.

Le jurisconsulte Paul dit : (1) : *Item si ita stipulatio facta sit, si fundus Titianus datus non erit, centum dari, nisi totus detur, pœna committitur centum ; nec prodest partes fundi tradere, cessante uno, quemadmodum non prodest ad pignus liberandum partem creditori solvere.* » Il est vrai que ce texte semble, ainsi que l'indiquent les mots *cessante uno*, se référer à l'hypothèse de plusieurs débiteurs ; mais il n'en tire aucune conséquence spéciale ; il indique la règle en termes très généraux, et il est clair que sa décision s'applique aussi bien au cas d'un paiement partiel fait par un débiteur unique.

D'ailleurs il est corroboré par un autre texte du même jurisconsulte (2), qui va encore plus loin, et qui admet, dans l'hypothèse où il se place, non seulement que la peine sera due en cas d'inexécution partielle, mais encore que le débiteur pourra être condamné à de plus amples dommages et intérêts.

Mais un texte d'Ulpien (3) donne lieu à une difficulté « *Si plurium servorum nomine, judicio sistendi*

1. L. 85, § 6, Dig. *De verb. oblig.* 45, 1.
2. L. 47, Dig. *De act. empt. et vend.* 19, 1.
3. L. 9, § 1, Dig. *Si qui caut.* 2, 11.

causa, una stipulatione promittatur, pœnam quidem integram committi, licet unus status non sit, Labeo aït : quia verum sit, omnes statos non esse : verum, si pro rata unius offeratur pœna ; exceptione doli, usurum eum, qui ex hac stipulatione convenitur. »

Ainsi Ulpien reconnaît avec Labéon qu'en prinpe, une inexécution partielle entraîne la commise totale de la peine ; mais par un tempérament d'équité, dans le cas dont il s'occupe, il décide que si une partie de la peine est offerte à raison de l'unique esclave qui n'a pas comparu, la demande du surplus pourra être repoussée par une exception de dol. Le fait qu'une exception est nécessaire prouve bien qu'au fond le droit du créancier est en principe d'exiger toute la peine. Mais sur quoi est fondée cette exception dans le texte qui nous occupe ?

41. Il n'est pas nécessaire de voir dans cette exception un tempérament aux rigueurs du droit civil, introduit dans les stipulations prétoriennes ; si le droit prétorien avait admis un pareil tempérament on en trouverait des traces dans les deux textes que nous avons cités d'abord et qui concluent sans restriction à la commise totale de la peine. Bien plus dans la loi 47 *de act. empti et venditi*, il s'agit d'une vente : « *Lucius Titius accepta pecunia ad materias vendendas sub pœna certa, ita ut si non integras reprœstaverit intra statuta tempora, pœna conveniatur...* »

Ce texte ne dit pas que la peine ait été stipulée ;

elle semble au contraire avoir été convenue dans
un pacte joint *in continenti*, elle semble bien devoir
être réclamée par l'action du contrat, et néanmoins
il résulte du texte que la peine sera due tout entière : « *Paulus respondit, ex contractu, de quo quœritur, etiam heredem venditoris in pœnam conveniri posse,
in actione quoque ex empto, officio judicis, post moram
intercedentem, usurarum pretii rationem haberi opor-
tere.* » Or si dans les contrats de bonne foi l'exception de dol, qui y est toujours sous-entendue, ne
permet pas au débiteur d'échapper à l'obligation
de payer la peine en entier, il n'est pas vraisem-
blable qu'elle puisse être insérée dans les stipulations prétoriennes avec un effet opposé.

On peut expliquer autrement la loi d'Ulpien. Le
dol du créancier consiste à réclamer la peine tout
entière, alors qu'il a incontestablement profité de
l'exécution de l'obligation dans la mesure où elle a
eu lieu, et que d'autre part, il lui est impossible de
restituer l'utilité qu'il en a retiré. Or il faut se rappeler que le cumul de la peine et de l'obligation
principale n'est pas admis à moins d'une convention contraire des parties (1). Si donc un paiement
partiel a eu lieu, la peine une fois obtenue pour le
tout, il peut être redemandé par le débiteur. Dans
le texte qui nous occupe, l'exécution partielle a eu

1. L. 28, Dig. *De act. empt. et vend.* 19, 1. — L. 10, § 1, Dig. *De
pactis,* 2, 14. — L. 16, Dig. *De transact.* 2, 15.

lieu, le créancier en a profité ; on peut exactement fixer dans quelle proportion il en a profité, et par suite dans quelle proportion l'obligation du débiteur a été exécutée : si le créancier ne se borne pas à réclamer la peine pour la partie inexécutée, s'il la demande tout entière, il commet un dol, puisqu'il tend à s'enrichir injustement aux dépens d'autrui, puisqu'il conserve l'utilité qu'il a retirée de l'exécution de l'obligation, et que se trouvant dans l'impossibilité de faire aucune restitution au débiteur, il veut cumuler la peine entière avec ce profit. Voilà pourquoi il doit être repoussé par l'exception de dol.

42. Ainsi, en thèse générale, la peine entière est due quand, d'après l'intention des parties, le créancier peut cumuler la peine et le montant de l'obligation, et alors il n'est tenu à aucune restitution. La peine entière est encore exigible quand, le cumul n'étant pas dans l'intention des parties, le créancier peut restituer le paiement partiel qu'il a reçu. Enfin la peine entière est encore exigible quand, la restitution étant impossible, le créancier n'a tiré aucun profit de l'exécution partielle, car alors il n'y a pas d'enrichissement sans cause. Mais si cette exécution partielle a procuré une utilité au créancier sans que la chose soit restituable, la peine ne sera due que pour partie.

43. *Gage et hypothèque.* — De même que la peine

4

est due tout entière alors que l'obligation principale a été exécutée en partie, de même un paiement partiel n'a pas pour effet de dégrever pour la quote-part éteinte de la dette la chose sur laquelle est assis un droit d'hypothèque ou de gage. Le gage doit continuer à répondre de la dette aussi longtemps que celle-ci n'est pas complètement éteinte.

La loi 8, § 6 *de verb. oblig.*, déjà citée, nous a donné une première preuve de cette analogie ; Paul, dans la loi 25, § 14 (Dig. *fam. ercisc.* 10, 2), fait la même comparaison : « *Idem observatur in pignoribus solvendis, nam nisi universum quod debetur offeretur, jure pignus creditor vendere potest.* » Nous trouvons la même solution dans le Code (1) : « *Quamdiu non est integra pecunia creditori numerata, etiamsi pro parte majore eam consecutus sit, distrahendi rem obligatam, non amittit facultatem* » et de nombreux textes la confirment. (2)

44. C'est qu'en effet, comme la peine, le gage et l'hypothèque sont des sûretés destinées à assurer l'exécution de l'obligation principale et il n'y a pas plus nécessairement de corrélation entre la valeur de la chose donnée en gage ou hypothéquée, et le montant de la dette dont elle garantit le paiement,

---

1. L. 6 Code, *de distract. pign.* 8, 28.
2. Notamment : L. L. 8 § 2, 9 § 3, Dig. *de pignerat. act.* 13, 7.— L. 2 Code, *debit. vendit. pign.* 8, 29.— L. 2, *in fine* Code, *de fidejuss.* 8, 41.

qu'il n'y a d'équivalence entre la peine et le dommage subi par le créancier non payé.

Donc aussi longtemps que l'obligation ne sera pas exécutée, on ne pourra forcer le créancier à laisser diminuer la valeur de la sûreté qu'il a exigée. L'extinction de l'obligation accessoire est encore soumise ici, quoique tacitement, à la réalisation d'une condition, et cette condition, c'est encore le paiement de l'obligation principale.

Cet effet ne tient donc pas à une prétendue indivisibilité du gage et de l'hypothèque. Il se produit alors même que plusieurs objets à la fois ont été donnés en gage pour la sûreté d'une même créance.(1)

---

1. L. 19, Dig. *de pign. et hyp.* 20, 1. — « *Qui pignori plures res accepit, non cogitur unam liberare, nisi accepto universo, quantum debetur.* »

CHAPITRE IV

DES EFFETS QUE PEUT PRODUIRE UN PAIEMENT PARTIEL NON LIBÉRATOIRE.

45. Maintenant que nous savons dans quels cas un paiement partiel est libératoire, nous avons à nous demander si un pareil paiement peut produire encore quelque autre effet qu'une libération partielle, ou autrement dit, si un paiement partiel non libératoire peut avoir une valeur juridique quelconque.

Nous supposons toujours que l'exécution intégrale n'a pas été obtenue par le créancier, car si elle s'accomplit, les effets que l'exécution partielle peut produire par elle-même disparaissent.

Si donc l'exécution d'une obligation reste inachevée, qu'arrivera-t-il ? Si le paiement partiel a entraîné l'extinction partielle de la dette, le créancier ne pourra évidemment plus en poursuivre l'exécution que pour le surplus, et c'est en cela que consiste l'intérêt pratique du paiement partiel. Mais si, au contraire on suppose, comme nous le faisons maintenant, que cette exécution n'a pu entraîner aucune libération, le créancier agira devant les tribunaux absolument comme si rien n'avait été fait ; les poursuites s'exerceront de la même façon, les voies d'exécution seront les mêmes.

L'exécution partielle semble donc n'avoir alors aucune valeur juridique, et même aucune utilité.

Dans quelques cas, néanmoins, on peut signaler des résultats utiles d'une exécution partielle même non libératoire.

46. Il en est ainsi dans les contrats consensuels : les contrats, et à plus forte raison les pactes, peuvent être résolus par le simple consentement (*contrarius consensus*), pourvu qu'aucune des deux parties n'ait encore procédé à l'exécution (*re integra, re non secuta*). Un commencement d'exécution a donc pour effet d'empêcher la résolution du contrat. (1)

Il n'est pas nécessaire pour que l'exécution partielle produise ce résultat, qu'elle ait eu un effet libératoire. Aucun texte ne l'exige.

47. Un acte d'exécution quelconque peut-il empêcher la résolution du contrat par le mutuel dissentiment ? La plupart des textes exigent en général qu'il n'y ait eu aucun acte d'exécution pour que le contrat puisse encore être rompu et ne font aucune distinction.

Mais deux jurisconsultes, Paul et Papinien pré-

---

1. Instit. § 4, *Quib. mod. oblig. toll.* III, 29. — L. 7 § 6. Dig. *de pactis*, 2, 14. — L. 72 p. *de contrah. empt.* 18, 1. — L. L. 2, 5 § 1, Dig. *de rescind. empt.* 8, 5. — L. L. 1, 2 Code, *Quand. lic. ab. empt. disced.* 4, 45.

voient une hypothèse particulière et la résolvent
différemment. Le vendeur a promis un fidéjusseur
par son contrat de vente, et il l'a fourni, mais aucun
autre acte d'exécution n'a eu lieu. Le contrat de
vente peut-il être encore résolu par le simple consentement? Papinien répond affirmativement et suivant lui le fidéjusseur sera libéré de plein droit. (1)
Paul, au contraire, décide que le vendeur et le fidéjusseur continueront à être obligés *ipso jure*, mais
pourront opposer à l'acheteur l'exception *pacti con-
venti*, (2) d'où il résulte bien que le contrat de vente
subsiste au fond, mais les obligations qu'il a créées
sont paralysées par l'exception.

Quoi qu'il en soit de ce dissentiment, il faut bien
remarquer que l'obligation de donner un fidéjusseur, n'est pas de celles que le contrat de vente engendre nécessairement ou même naturellement, et
c'est sans doute de là que venaient les raisons de
disputer.

48. Si un acte d'exécution a eu lieu, la dissolution
du contrat par le *contrarius consensus* devient-elle absolument impossible? Le jurisconsulte Nératius (3)
fournit d'après Ariston le moyen d'arriver encore à
la dissolution du contrat qui a reçu un commencement d'exécution. Ce moyen consistait à remettre

1. L. 95 § 12, Dig. *De solut.* 46, 3.
2. L. 3, Dig. *De resc. empt.* 8, 5.
3. L. 58, Dig. *de pactis*, 2, 14.

les choses entières, à les rétablir dans l'état où elles se trouvaient avant toute exécution ; après quoi le pacte de résolution pouvait valablement intervenir.

49. Une exécution partielle est donc à peu près sans valeur juridique quand elle n'est pas libératoire, car l'effet qui consiste à empêcher la rupture d'un contrat par le *contrarius consensus* est trop particulier pour avoir beaucoup d'intérêt.

Mais il ne s'ensuit pas que le débiteur qui a commencé l'exécution n'en retire aucun profit et qu'il se trouve exactement dans la même situation que s'il n'avait rien fait.

Certes en droit la situation est la même, mais en fait il en est peut-être autrement.

50. Et d'abord, si le débiteur peut être condamné à l'objet même de la demande, comme cela avait lieu dans la procédure extraordinaire, il est clair que ce qu'il aura déjà fait pour l'exécution de l'obligation, lui servira pour l'exécution de la condamnation.

Dans cette condamnation il ne sera pas tenu compte de ce qu'il aura exécuté, mais en fait ce sera toujours autant de moins qu'il devra faire pour exécuter la condamnation.

Si maintenant nous nous plaçons à l'époque de la procédure formulaire, la condamnation ne pouvait avoir d'autre objet qu'une somme d'argent ; l'inexécution emportait donc une condamnation à des

dommages et intérêts ; mais la valeur de ces dommages et intérêts était égale à la perte que le créancier éprouvait par l'inexécution (1).

Si donc l'inexécution partielle n'avait produit aucun effet libératoire, la condamnation portait bien
sur toute l'obligation, mais la valeur des dommages
et intérêts pouvait se trouver diminuée, si le créancier avait tiré quelque profit du commencement
d'exécution.

Prenons un exemple : un sculpteur habile s'est
engagé à faire une statue pour Primus ; il a dégrossi
le marbre, mais il n'a pas achevé son travail. Ce
qu'il a fait n'a aucune valeur ; il sera condamné
dans la mesure de l'intérêt que Primus avait à posséder la statue et aussi sévèrement que s'il n'avait
rien fait du tout.

Au contraire, s'il s'agit d'un travail qu'un ouvrier
quelconque pourrait exécuter, le montant de la condamnation pourra être diminué par le fait que l'ouvrier qui devait l'accomplir en a commencé l'exécution, car l'ouvrage pourra être achevé par un autre.
Ainsi un ouvrier s'est engagé à construire une maison ; il a bâti le rez-de-chaussée, mais il n'a pas
achevé la construction ; il n'est libéré en rien de son
obligation, et néanmoins si les travaux ne sont pas

---

1. L. 9 § 8. Dig. *ad exhib.* 10, 4. — L. 1 pr. Dig. *de act. impt. et vend.*
19. 1. — L. 4 § 7. Dig. *de damn. infect.* 39, 2. — L. 81 § 1 Dig. *de
verb. oblig.* 45, 1.

tout-à-fait inutiles la condamnation sera moins forte que s'il n'avait rien fait, car un autre ouvrier pourra probablement terminer les travaux et se fera sans doute payer moins cher que s'il avait dû les entreprendre en entier ; le créancier aura ainsi tiré un certain profit de l'exécution partielle, et la condamnation qu'il fera prononcer en sa faveur sera diminuée d'autant.

51. On voit donc qu'en fait, il pourra n'y avoir parfois presque aucune différence au point de vue du résultat définitif, entre un paiement partiel libératoire et une exécution partielle sans valeur juridique. Dans les deux cas les dommages et intérêts adjugés au créancier se trouveront diminués par tout le profit qu'il aura retiré de l'exécution. Seulement, dans le premier cas, ce profit se trouve exactement déterminé par le rapport entre le montant du paiement effectué et le montant de la dette, et la demande ne devra comprendre que la partie non payée de la dette ; dans le second cas, le profit devra être apprécié et déterminé par le juge et la demande aura pour objet l'obligation tout entière.

DROIT FRANÇAIS

LE DROIT DES PAUVRES

DE LA REDEVANCE PERÇUE AU PROFIT DES HOSPICES
ET DES BUREAUX DE BIENFAISANCE
SUR LA RECETTE DES SPECTACLES PUBLICS.

AVANT-PROPOS

C'est un principe de la comptabilité française que les ressources du budget doivent tomber dans la caisse de l'Etat, des départements ou des communes sans affectation spéciale à une dépense particulière.

L'ensemble des recettes sert à faire face à l'ensemble des dépenses, mais en principe le produit d'un impôt ou d'une taxe n'a pas d'affectation particulière.

Ce principe souffre néanmoins quelques exceptions, notamment dans l'organisation de l'assistance publique.

Il existe, en effet, des taxes, des impôts qui sont spécialement perçus au profit des pauvres. Tels sont : le produit des amendes de police correctionnelle et des confiscations prononcées en faveur des hospices en vertu de certaines lois pénales ; le tiers du produit des concessions dans les cimetières ; enfin le droit des pauvres.

Cette dernière taxe est la plus importante ; elle a les mêmes caractères que les contributions publiques, et néanmoins elle est spécialement affectée aux besoins des hospices et des bureaux de bienfaisance.

C'est l'étude de ce droit perçu au profit des pauvres sur les entrées aux spectacles publics que nous nous proposons de faire.

L'existence de cette taxe est déjà ancienne ; elle date de l'ancien régime. Nous commencerons donc par une étude historique de notre sujet, étude dans laquelle nous examinerons d'abord les antécédents du droit des pauvres, c'est-à-dire quelles ressources étaient spécialement affectées à leur soulagement avant la création de la taxe sur les spectacles.

Puis nous suivrons les vicissitudes qu'a subies cette taxe depuis sa création le 25 février 1699 jusqu'à nos jours.

Dans une seconde partie de notre étude, nous analyserons la législation actuellement en vigueur, tout en signalant les difficultés d'application aux-

quelles elle a donné lieu et en appréciant les décisions de jurisprudence qui sont intervenues à leur
sujet.

Enfin, dans une dernière partie, nous aurons à
nous demander si cette législation ne doit pas être
modifiée, et si l'impôt qu'elle a établi présente les
caractères que doit posséder un impôt bien assis.
C'est à cette partie de notre sujet que nous donne-
rons le moins d'extension, malgré les controverses
passionnées qu'elle a soulevées, ou plutôt à cause
d'elles ; c'est en effet à ce point de vue que le droit
des pauvres a été le plus souvent envisagé et le
plus complètement traité.

Quant à nous, nous n'avons pas l'intention d'entreprendre une œuvre de polémique : c'est exclusivement à un travail juridique que nous nous sommes livré. Même, les détails que nous aurions pu
réunir sur la manière dont se perçoit en fait le droit
des pauvres dans la pratique administrative, à
l'heure actuelle, et notamment à Paris, ont été volontairement omis.

Il nous suffira donc d'avoir réuni les matériaux
de la discussion : nous nous bornerons ensuite à
résumer les arguments invoqués de part et d'autre
et à conclure.

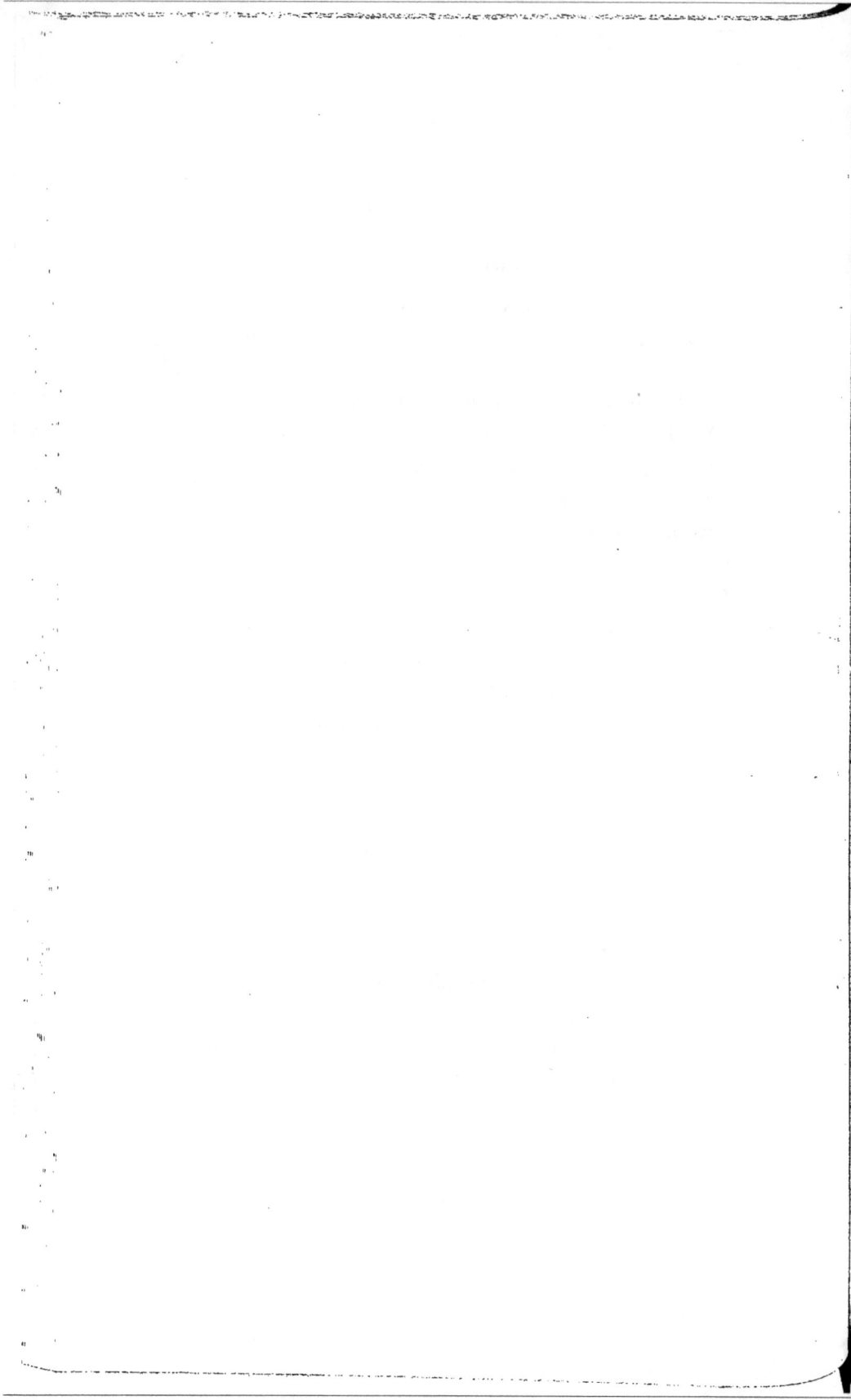

PREMIÈRE PARTIE

ANTÉCÉDENTS HISTORIQUES ET TRANSFORMATIONS SUCCESSIVES
DE LA LÉGISLATION SUR LE DROIT DES PAUVRES.

CHAPITRE Ier

ANTÉCÉDENTS HISTORIQUES DU DROIT DES PAUVRES

1.—On trouve dès les premiers temps de l'histoire de France les origines de ce principe presque universellement reconnu aujourd'hui et définitivement établi dans notre pays, que les pauvres sont à la charge de leur commune.

Des textes très anciens établissent pour la cité ou la paroisse, l'obligation de subvenir à l'entretien de ceux de ses habitants qui se trouvent dans la misère. Mais tout en créant cette obligation, ils n'assurent son exécution par l'établissement d'aucune taxe spéciale. « *Que chaque cité nourrisse ses pauvres,* » disent déjà les lois des Francs (1).

En 567, le deuxième concile de Tours édicte la

1. Beatus Rhenanus, l. 11, *Rerum germanicarum*, p. 95.

même règle et commande aux prêtres comme aux laïques de secourir les pauvres de leurs communes suivant leurs forces (1).

Le concile de Nantes à son tour prescrit aux ecclésiastiques de réserver aux pauvres un quart des dîmes et offrandes qu'ils reçoivent des fidèles (2).

Charlemagne, qui s'occupa dans de nombreux capitulaires, des pauvres et de l'organisation des hôpitaux, renouvela les prescriptions du deuxième concile de Tours, notamment en 806 et en 813 (3).

2. — Si nous arrivons aux temps modernes, nous rencontrons, en 1536, un édit de François Ier qui ordonne que les pauvres invalides « *qui ont chambre et logement et lieu de retraite soient nourris et entretenus par les paroisses* » (4).

Il n'est pas encore question de taxe destinée au soulagement des pauvres, mais cette idée va bientôt faire son apparition à son tour (5).

1. 2e Concile de Tours, anno 567, 5e canon *Sacrosancta concilia.* Philip, Labbei et Gabr. Cossartii, 1771, tome 5.

2. *Sacrosancta concilia.* Philip. Labbei et Gab. Cosartii. 1771 tome IX, p. 470. La date de ce concile est incertaine. Flodoard donne celle de 658.

3. Cap. de l'an 813. Capitul. II. *Recueil des capit.*

4. Ordonnance de 1536, art. 5 et 6.

5. M. Cros-Mayrevieille, dans son traité de l'administration hospitalière fait remonter au XVe siècle et l'attribue à une ordonnance de Charles VI. Nous n'avons pas retrouvé cette ordonnance. Il existe bien des lettres-patentes du roi Charles VI datées de décembre 1402 et autorisant les Confrères de la Passion à représenter leurs mystères. mais ces lettres n'établissent aucune imposition.

On cite en effet, à la date du 27 janvier 1541, un acte du Parlement de Paris qui contient la première manifestation de l'idée qui a passé depuis dans notre législation, de percevoir sur la recette des représentations théâtrales un droit en faveur des pauvres.

Cet acte concernait les confrères de la Passion et faisait mention des lettres-patentes par lesquelles Charles Royer était autorisé à représenter les mystères de l'Ancien Testament : « Sur lettres-patentes portant permission à Charles Royer et consorts, maistres et entrepreneurs de jeu et mystère de l'Ancien Testament, faire jouer et représenter à l'année prochaine ledit jeu et mystère, suivant lesdites lettres, leur a été permis par la Cour à la charge d'en user bien et duement, sans y user d'aulcunes frauldes, n'y interposer choses profanes, lascives ou ridicules, que pour l'entrée du théâtre ils ne prendront que deux sols d'entrée de chascune personne, pour le louage du chascune loge durant ledit mystère, que trente écus ; n'y sera procédé qu'à jours de feste non solennelles ; commenceront à une heure après midi, finiront à cinq, feront en sorte qu'il n'en suive scandalle ou tumulte ; *et à cause que le peuple sera distrait du service divin et que cela diminuera les aulmosnes, ils bailleront aux pauvres la somme de mil livres, sauf à ordonner de plus grandes sommes* » (1).

1. Registres manuscrits du Parlement au 27 janvier 1541, cités par

Il est facile de voir à quelle idée le Parlement obéissait en taxant ainsi les Confrères de la Passion : il voulait indemniser les pauvres du tort que pouvait leur faire le spectacle qui devait se donner les jours de fêtes, en empêchant un certain nombre de personnes de se rendre aux offices et en diminuant ainsi le produit des aumônes des fidèles.

Ces spectacles avaient eu dès le début tant de succès qu'on avait été obligé dans plusieurs églises d'avancer l'heure des vêpres pour permettre au peuple de se rendre à ces représentations (1).

L'idée, sous l'influence de laquelle agissait le Parlement, est, nous le verrons, tout à fait différente de celle qui a présidé depuis à la rédaction des ordonnances dans lesquelles nous trouvons la véritable et directe origine du droit des pauvres actuel.

Il faut remarquer de plus que le Parlement n'établit pas un droit proportionnel au prix des places occupées : il fixe une indemnité de mille livres que les Confrères de la Passion devront payer aux pauvres quelque doive être le montant de leur recette. Cette ressource n'avait d'ailleurs rien de définitif ni de permanent.

Quoi qu'il en soit, cet acte du Parlement est inté-

Lacan et Paulmier : *Législation des théâtres*, 1853, n° 129. — Voir à ce sujet : *Inventaire des actes du Parlement de Paris* par le marquis de Laborde, 1863. Préface, page LXXVII.

1. Des Essarts. *Les trois théâtres de Paris*, 1777, page 17.

ressant, car il contient en germe l'idée qui consiste à établir un rapport entre le prix dont le public paye les amusements du théâtre et les besoins des pauvres.

Au surplus nous trouvons plus tard la preuve qu'il ne tomba pas complètement en désuétude, car le curé de St-Eustache ayant, vers 1574, fait donner l'ordre aux Confrères de la Passion de ne commencer leur spectacle qu'après vêpres, ces derniers firent des représentations au Parlement à ce sujet. Ils appuyèrent leur réclamation sur ce fait qu'ils payaient 300 livres tournois pour le service divin et l'entretien des pauvres. Le Parlement rendit le 20 septembre 1577 un arrêt favorable aux Confrères (1).

3. — Pendant tout le cours du seizième siècle il se rendit de nombreuses ordonnances dont le but était d'améliorer le sort des pauvres.

Plusieurs d'entre elles donnèrent une nouvelle sanction à la règle que les pauvres devaient être secourus par leur commune ou leur paroisse. On peut citer dans ce sens l'article 5 de l'ordonnance du 9 juillet 1547, l'article 73 de la célèbre ordonnance de Moulins (1566) (2), et l'ordonnance du 22 mai 1586 (3).

Enfin l'ordonnance de janvier 1629 (Code Michaud)

---

1. Des Essarts, *op. cit.*, p. 37.
2. Guénois, *Conférence des ordonnances et édits royaux*, 1742, Tome II, p. 781.
3. Isambert, *Anciennes lois françaises*, XIV, p. 600.

étendit par son article 42, à tout le royaume l'application des règlements concernant l'entretien et la nourriture des pauvres dans les villes de Paris et de Lyon (1).

4. — Mais le fameux édit d'avril 1656 sur l'hôpital général, créa une organisation tellement importante qu'il fallut de grandes ressources pour subvenir à ses besoins.

En établissant l'hôpital général, Louis XIV lui accorda toutes sortes de privilèges importants et de libéralités. Les quêtes, les dons, les aumônes et les legs ne pouvaient suffire, il fallut établir de véritables droits dont la perception se fît au profit de l'hôpital.

D'après l'article 31 de l'édit, « les adjudications d'amendes et d'aumônes faites en la ville et faubourgs, prévoté et vicomté de Paris, en termes généraux aux pauvres ou à la communauté des pauvres sans aucune autre désignation » devaient appartenir à l'hôpital général.

Cet article de l'édit établit pour la premier fois cette règle qui substite encore, qu'une partie du produit de certaines amendes et confiscations appartient à l'hôpital général : ce sont les amendes ou condamnations prononcées au sujet des infractions aux règlements sur les eaux et forêts (art. 38 de l'Edit), c'est encore « le quart des amendes de po-

1. Isamberrt, op, cit. XVI, p. 235.

lice et de toutes les marchandises ou autres choses qui seront déclarées acquises et confisquées » d'après l'article 39, origine directe des textes actuellement en vigueur sur la matière.

L'article 35 de son côté, avait eu pour but de remettre en vigueur avec une nouvelle force les prescriptions d'après lesquelles les habitants devaient se cotiser en faveur des pauvres, et être taxés s'il ne donnaient pas volontairement en proportion de leurs forces.

Tous étaient assujettis à cette obligation : les communautés séculières et régulières de l'un et l'autre sexe, les corps laïques, les fabriques des églises, les chapelles et confréries, les corps et métiers, *et toutes autres personnes*.

S'ils ne contribuaient pas volontairement à la subsistance de l'hôpital général, chacun à proportion de leurs forces, ils devaient être cotisés selon les anciens règlements par le Parlement.

C'est en vertu de cet article de l'édit qu'un arrêt du Parlement du 26 avril 1662 frappa une taxe de 100.000 livres sur les corps ecclésiastiques et laïques et établit sur les bourgeois la perception en faveur de l'hôpital général de la même taxe que celle de l'enlèvement des boues (1).

---

1. *Code de l'Hôpital général* V° *Aumônes*.

CHAPITRE II

5. — Les ressources de l'hôpital général devinrent bientôt insuffisantes et il fallut les augmenter.

L'ordonnance du 25 février 1669 y pourvut par la création d'une taxe dont la perception s'est faite presque sans interruption jusqu'à nos jour : c'est celle qui est connue sous le nom de droit des pauvres.

L'ordonnance établit la perception du sixième en sus du prix d'entrée dans les spectacles de Paris, au profit de l'hôpital général.

Dans cette ordonnance, il n'est plus question d'aumône, de compensation à ménager pour les pauvres privés d'autre part d'une partie des offrandes qui leur étaient destinées. C'est bien un impôt que l'on établit, impôt levé sur le plaisir au profit des malheureux.

« Sa Majesté, dit l'ordonnance, voulant, autant qu'il est possible, contribuer au soulagement des pauvres dont l'hôpital général est chargé, et ayant pour cet effet employé jusques à présent tous les

moyens que sa charité lui a suggérés, elle a cru devoir encore leur donner quelque part aux profits
considérables qui reviennent des opéra de musique
et des comédies qui se jouent à Paris par sa permission ; *c'est pourquoi Sa Majesté a ordonné et ordonne
qu'à l'avenir, à commencer du premier mars prochain,
il sera levé et reçu au profit dudit hôpital général, un
sixième en sus des sommes qu'on reçoit à présent, et
qu'on recevra à l'avenir pour l'entrée auxdits opéra et
comédies, lequel sixième sera remis au receveur dudit
hôpital pour servir à la subsistance des pauvres* » (1).

On voit bien par le préambule de l'ordonnance,
que le nouvel impôt est fondé sur l'idée qui consiste
à faire servir une partie de l'argent dépensé par
ceux qui s'amusent au soulagement des malheureux.
Cette idée qui était contenue en germe dans l'arrêt
du Parlement de 1541 et qui était assez naturelle,
s'était, semble-t-il, imposée peu à peu aux mœurs,
de sorte que Louis XIV ne fit que la recueillir en lui
donnant l'empreinte de son esprit organisateur et
et en la faisant servir à la création d'une taxe qui
devait être définitive.

La preuve que cette idée était généralement par-
tagée, c'est que les comédiens y obéissaient d'eux-
mêmes, en faisant des aumônes qui n'avaient rien
d'obligatoire. C'est ainsi qu'ils avaient résolu peu

1. *Code de l'hôpital général*, v° *Spectacles*.

d'années avant 1699, de prélever sur leur recette une somme qui devait être distribuée aux couvents les plus pauvres de la ville de Paris. En 1696, les Pères Cordeliers désirant être admis à ce bénéfice, dont jouissaient déjà les Pères Capucins, présentèrent un placet aux comédiens qui, dans leur assemblée du 11 juin, décidèrent de donner 36 livres par an au couvent des Cordeliers, à raison de 3 livres par mois. En 1700, les Pères Augustins réformés demandèrent et obtinrent le même traitement (1).

6. — Malgré ces antécédents, l'ordonnance de 1699 ne tarda pas à donner lieu à des difficultés d'application, les mêmes qui se sont renouvelées depuis et sont encore l'objet des réclamations des directeurs de théâtre.

On avait d'abord pensé que le meilleur mode de perception serait le système de l'abonnement : « Sa Majesté m'ordonne de vous dire (écrivait Ponchartrain au président de Harlay, tandis qu'ils préparaient ensemble l'ordonnance de 1699), qu'il lui paraît qu'il serait bien plus commode pour l'hôpital mesme pour Francine (1) et pour tout le monde, que ce fut Francine mesme pour l'opéra, et les comédiens pour la comédie, qui s'abonnassent à une certaine somme, plutôt que d'y mettre ou un rece-

1. Des Essarts, *op. cit.*, p. 53 en note.
1. Le directeur de l'Opéra.

veur particulier, ou un contrôleur, ce qui serait
sujet à mille et mille inconvénients » (1).

L'opéra dut verser ainsi 40000 livres par an pour
son abonnement et la comédie 25000 livres. Mais on
s'aperçut bientôt qu'un tel arrangement était défa-
vorable aux pauvres et que les recettes étaient bien
plus considérables (2).

On en revint donc à un système de perception
directe et plus sévère. Mais alors ce furent les théâtres qui n'y trouvèrent plus leur compte et qui ten-
tèrent d'échapper aux conséquences les plus rigou-
reuses de l'ordonnance.

Aussi dès le 30 août 1701 une nouvelle ordonnance intervint, qui réglait plusieurs points de détail tout en confirmant la précédente. La perception
du sixième sur le produit des places devait être faite
par le receveur de l'hôpital général. Aucune diminution n'était admise sur le montant de la recette
et on excluait notamment la faculté pour les comédiens de prélever une somme quelconque pour couvrir leurs frais. C'était donner dès lors son véritable
caractère à l'impôt : il devait porter au moins en
théorie, sur le spectateur et non sur le théâtre.

« Sa Majesté a ordonné et ordonne que dorénavant il sera payé au receveur dudit hôpital, le si-

1. *Correspondance administrative de Louis XIV*, tome 2, p. 758 et
759.

2. Edouard Fournier, *Le théâtre et les pauvres*, 1869, p. 8.

xième de toutes les sommes qui seront reçues tant
par ceux qui ont le privilège de l'opéra, que par les
comédiens de Sa Majesté, *lequel sixième sera pris sur
le produit des places desdits opéra et comédies, sans aucune diminution ni retranchement, sous prétexte de frais
ou autrement* » (1).

Le 30 janvier 1713 une nouvelle ordonnance étendit l'application des précédentes aux spectacles populaires qui se donnaient pendant la tenue des foires de St-Germain et de St-Laurent, et à tous les
autres spectacles en général ; elle n'admettait toujours aucune diminution sous prétexte de frais.

7. — L'ordonnance du 5 février 1716 vint aggra-
ver les dispositions des précédentes, en décidant
qu'au sixième déjà perçu viendrait s'ajouter un neuvième.

Mais cette ordonnance n'avait qu'un caractère
transitoire et son objet était, au moins officiellement,
de faire face à une dépense extraordinaire. Ce neuvième, en effet, n'était pas perçu au profit de l'hôpital général ; il était destiné tout particulièrement
à l'Hôtel-Dieu et il était affecté à la construction de
nouvelles salles dans cet établissement (2).

Tel était le but officiel de l'ordonnance ; mais tout
autre était la destination réelle des fonds qu'elle devait procurer.

1. *Code de l'hôpital général*, v° *Spectacles*.
2. Isambert, *Anciennes lois françaises*, XXI, p. 79.

Sur les instances du premier président de Lamoignon et du lieutenant de police de la Reynie, le commissaire de Lamare avait entrepris la publication d'un traité de la Police, ouvrage très considérable et des plus utiles, mais dont les frais étaient énormes. Pour permettre au commissaire de continuer son travail, ses protecteurs, qui avaient déjà sollicité de Louis XIV la commende d'un abbaye, ne trouvèrent rien de mieux, après la mort du roi, que de demander au régent un prélèvement sur une augmentation du droit des pauvres.

Sans doute l'impôt ne fut pas créé exclusivement en faveur du traité de police, et c'est avec les ressources qu'il procura qu'on subvint à la construction des nouvelles salles de l'Hôtel-Dieu ; mais il est certain que la publication administrative en absorba une grande partie, et peut-être même détermina-t-elle la création du nouveau droit.

C'est ce que nous apprend le Cler du Brillet, le continuateur de Lamarc lui-même, dans l'éloge qu'il fit de ce dernier et qu'il plaça en tête du tome IV de son fameux traité : « On vit, dit-il, ces grands magistrats, M. le premier président de Mesmes et M. Daguesseau, procureur général, déterminer le roi à consentir en faveur de M. de Lamare à une augmentation d'un neuvième sur les entrées aux spectacles......

« Pour assurer le recouvrement de la nouvelle aug-

mentation sur les entrées aux spectacles, ces magistrats avaient trouvé bon qu'elle ne parût point sous
le nom de M. de Lamare, et ils lui avaient laissé la
liberté de choisir un des hôpitaux de Paris : sa pré-
dilection pour l'Hôtel-Dieu, dont madame sa sœur
était prieure, lui fit préférer cette sainte maison :
la conjoncture se trouvait d'autant plus heureuse que
l'Hôtel-Dieu venait d'entreprendre le bastiment d'une
salle neuve pour le soulagement des pauvres malades. »

Le 19 février, un acte intervint qui détermina la
part du commissaire ; elle fut fixée à 300,000 livres ; la propriété de son ouvrage devait lui être
commune avec l'Hôtel-Dieu pendant vingt ans, après
quoi l'Hôtel-Dieu en restait seul propriétaire. De
Lamare devait recevoir 20,000 fr. par an pendant
les dix premières années et 10,000 fr. pendant les
dix autres.

De nouvelles conventions intervinrent ensuite entre l'Hôtel-Dieu, de Lamare et ses continuateurs,
mais l'ouvrage ne fut jamais terminé.

Quoi qu'il en soit, les paiements cessèrent, selon
toute apparence, le 10 février 1736 ; cependant il
est encore question du droit du neuvième dans l'arrêt du Conseil du 18 juin 1757 ; il est donc probable qu'on continua à le percevoir après que le but
primitif de sa création eût disparu, à moins que la
construction des salles de l'Hôtel-Dieu ne fût pas

encore achevée lorsque la publication du traité de Lamare fut abandonnée (1).

8. — Mais cette augmentation du droit devait avoir nécessairement pour effet de susciter des réclamations de la part des comédiens.

C'est ce qui ne manqua pas d'arriver, et de cette époque datent les premiers efforts des gens de théâtre pour faire adopter ce principe que le droit des pauvres doit être perçu sur la recette, déduction faite des frais de représentation, et non sur la recette brute.

Cette prétention était en contradiction avec toutes les ordonnances que nous venons de citer et qui établissaient le droit par augmentation du prix des places, c'est-à-dire sur les spectateurs et non sur la recette.

L'ordonnance du 4 mars 1719 vint les confirmer sous ce rapport :

« Sa Majesté, étant informée qu'au préjudice des dites lettres patentes et ordonnance dont les dispositions sont si précises, les directeurs de l'Opéra et les comédiens Français et Italiens ont depuis quelques mois prétendu que le sixième et le neuvième ci-devant attribués à l'Hôpital-Général et à l'Hôtel-Dieu ne devaient être perçus qn'après avoir prélevé les frais de représentation, ce qui est manifeste-

1. Voir sur cette anecdote : *Histoire générale de Paris*. Introduction, 1866, p. 99. Edouard Fournier, *op. cit.* p. 12.

ment contraire aux termes des dites lettres patentes et ordonnance, et ne peut, d'ailleurs, avoir aucune apparence de justice ; d'autant que le sixième
et le neuvième étant perçus par augmentation, les
directeurs de l'Opéra et les comédiens reçoivent
pour leur compte les mêmes sommes qu'ils faisaient
précédemment sans aucune diminution, et sur lesquelles ils étaient obligés de payer les mêmes frais
auxquels les spectacles sont nécessairement assujettis ; ..... a ordonné et ordonne que conformément aux dites lettres patentes des 25 février 1699,
30 avril 1701, 7 octobre 1704 et 8 janvier 1715, et
à son ordonnance du 5 février 1716 le sixième et le
neuvième continueront à être perçus au profit dudit
Hôtel-Dieu et de l'Hôpital-Général..... pour les places et les entrées aux opéra, comédies et autres
spectacles publics qui se jouent à Paris par permission de Sa Majesté, même aux spectacles des foires,
sans aucune diminution ni retranchement sous prétexte de frais ou autrement (1). »

Néanmoins, les comédiens n'avaient pas hésité à
mettre leurs théories en pratique et avant même
que l'ordonnance de 1719 ne fut venue régler, par
interprétation des précédentes, ce point qui ne pouvait être douteux, ils avaient, de leur autorité privée, prélevé les frais de représentation sur la re-

1. *Code de l'Hôpital général.* V° *Spectacles.*

cette, avant d'en déduire le montant du droit des pauvres.

Aussi se trouvèrent-ils dans un cruel embarras lorsque l'ordonnance du 4 mars 1719 leur donna tort. Ils avaient partagé entre eux et les auteurs le produit de leurs recettes, qui avaient été très faibles en 1718 et au commencement de 1719, et ils se trouvaient dans l'impossibilité de restituer ce qu'ils avaient perçu indûment.

Ils s'adressèrent au lieutenant-général de police, qui, par deux ordonnances du 11 octobre 1720, pour les comédiens français, et du 17 mai 1721, pour les comédiens italiens (1), confirma les règlements antérieurs, mais autorisa les comédiens, du consentement des administrateurs de l'Hôtel-Dieu et de l'Hôpital-Général, à ne pas restituer une partie des sommes qu'ils s'étaient attribués sans droit.

Mais si l'on consentait à entrer en arrangement avec les comédiens pour leurs dettes passées, on devint plus sévère que jamais pour la perception du droit. Les archives hospitalières nous apprennent notamment que des saisies furent pratiquées alors sur les recettes de l'opéra (2).

1. *Code de l'Hôpital général.* V° *Spectacles.*
2. Archives, Hôtel-Dieu, collect. Brièle, t. I, p. 284. Archives départementales, collection des inventaires sommaires des archives hospitalières, Hôtel-Dieu, p. 377, n° 5004.

9. — Cependant l'excès des rigueurs fut, au moins pour l'opéra, la cause d'un adoucissement. Ce théâtre ne pouvait plus que difficilement couvrir ses frais depuis l'établissement de la taxe exorbitante du neuvième. C'est probablement en considération de cette extrême difficulté qu'une ordonnance du 10 avril 1721 autorisa les directeurs de l'opéra à ne payer le neuvième dû à l'Hôtel-Dieu, qu'après avoir prélevé une somme de 600 livres pour leurs frais à chaque représentation (2).

C'était un pas fait dans la voie que les directeurs de théâtre voulaient faire prendre à l'administration lorsqu'ils lui demandaient que le droit ne fût perçu que sur la recette, déduction faite des frais. Mais ce n'était qu'un pas : il faut remarquer en effet que cette ordonnance ne concernait que l'opéra, ne s'appliquait qu'au neuvième dû à l'Hôtel-Dieu et non au sixième dû à l'Hôpital-général, et qu'enfin les frais étaient évalués une fois pour toutes à la somme de 600 livres par représentation.

Il est difficile de savoir jusqu'où l'on alla dans cette voie : il semble en effet que les vues de l'administration varièrent souvent à cette époque. On ne peut guère reconnaître si le prélèvement d'une somme pour les frais des représentations fut jamais

1. Collection des inventaires sommaires, Hôtel-Dieu, p. 377, n° 5005.

admis en principe, ou s'il ne fut accordé qu'exceptionnellement.

Ainsi l'ordonnance de 1721 ne concernait que l'opéra et le neuvième dû à l'Hôtel-Dieu. On ne voit pas que rien ait été changé à cet état de choses lorsqu'intervint l'ordonnance de police du 17 mai 1732 (1). Cette ordonnance réglait le mode de perception du droit des pauvres en faveur de l'Hôpital-Général. Une ordonnance analogue du 6 février de la même année avait établi une réglementation semblable pour le neuvième dû à l'Hôtel-Dieu (2). Le préposé de l'Hôpital devait assister au compte de chaque représentation et signer les feuilles de produit avec les directeurs ; le double de ces feuilles et le produit du droit devaient être remis tous les mois au receveur de l'Hôpital-Général. Dans chaque théâtre les administrateurs de l'Hôpital devaient installer un ou plusieurs contrôleurs chargés de surveiller la perception de la recette.

Mais en 1736, le 6 octobre, une ordonnance de Louis XV étendit aux comédiens français et italiens la faveur dont jouissait l'opéra depuis 1721 (3). Ils eurent le droit de prélever une somme de 500 livres pour les frais de chaque représentation. Cette or-

1. *Code de l'Hôpital-général.* Vᵒ *Spectacles.*
2. Collection des inventaires sommaires, Hôtel-Dieu, p. 377, nᵒ 5011.
3. Collection des inventaires sommaires, Hôtel-Dieu, p. 377, nᵒ 5015.

donnance ne concernait vraisemblablement, elle aussi, que le neuvième dû à l'Hôtel-Dieu, ainsi que nous le montreront des documents postérieurs.

10. — Quelques années plus tard, il fut question de supprimer complètement la taxe des pauvres.

Ce fut d'Argenson, chargé, comme ministre de la guerre, de la grande police, qui eut cette idée. Collé nous l'apprend dans son journal (1) et nous donne en même temps des renseignements intéressants sur les projets du ministre. Il résulte en outre du passage que nous allons citer, qu'en 1749, la taxe se percevait sans aucune déduction des frais et qu'elle était du quart de la recette. Quant à ce dernier point. il n'y a rien là que de très explicable : le sixième et le neuvième en sus du prix des places, c'est-à-dire le septième et le dixième de la recette en formaient bien près du quart (2), et il est possible qu'on ait arrondi le chiffre pour faciliter les calculs. Mais il est étrange que ce quart ait été perçu sans aucun prélèvement des frais, après les ordonnances que nous venons de citer.

« Ce jourd'hui, dit Collé, 16 du courant (déc. 1749), j'ai été à la Comédie française où j'ai appris qu'on ne retiendrait plus le quart des pauvres. Ce quart des pauvres était prélevé sur la recette de

1. 1re édit., t. I, p. 136.
2. Les dix-sept soixante-dixièmes ; les dix-sept soixante-huitièmes en auraient formé juste le quart.

chaque spectacle, sans déduction de frais, en sorte
qu'il y avait des années où le quart montait à plus
d'un grand tiers de la recette. — Cette espèce
d'impôt qui avait été mis sur les spectacles à la
sollicitation du cardinal de Noailles, vient d'être
ôté à l'occasion de l'expulsion totale que M. d'Argenson, le ministre de la guerre, qui a la grande
police, veut faire des pauvres du royaume. Il les fait
tous prendre, fait guérir à l'Hôpital-Général ceux
qui ne sont pas sains et les fera porter pour nos
colonies où il les fera marier et leur donnera des
terres à défricher ».

Le projet fut vite reconnu impraticable, et on ne
tarda pas à abandonner ce système vraiment trop
expéditif. Collé nous le dit deux mois plus tard (1) :
« J'ai dit d'une manière positive que les spectacles
avaient été déchargés du quart des pauvres. Tout le
monde disait que c'était une affaire faite lorsque je
l'écrivis ; il n'en était rien ; la chose avait été seulement mise en délibération, et l'argent en séquestre
en attendant la décision du Roi. Ce prince a décidé
le 24 ou le 25 de ce mois, en faveur de l'hôpital ;
les pauvres ont toujours le quart de la recette effec-
tive des spectacles sans entrer dans les frais, ainsi
qu'ils avaient ci-devant. »

Donc la taxe résistait toujours, et même, au dire

1. *Journal*, t. I, p. 360.

de Collé, se percevait sans aucune déduction pour
les frais.

11. — Cette assertion est cependant contredite
par un arrêt du Conseil du 18 juin 1757, cité tout
au long par des Essarts (1). Cet arrêt avait pour but
la réorganisation de la Société des Comédiens français et son article 25 était ainsi rédigé :

« Sur le produit de la totalité de la recette seront
prélevés :

1° Les trois cinquièmes du quart ou le neuvième (2) du total pour l'Hôpital général *sans déduction quelconque* ;

2° Le dixième en faveur de l'Hôtel-Dieu, *déduction
faite de 300 livres dont la retenue a été ordonnée par Sa
Majesté pour les frais journaliers de représentation.* »

Ainsi cet article confirme bien ce que nous avons
dit au sujet de l'ordonnance du 6 octobre 1736, relative aux Comédiens français et italiens ; comme
celle du 10 avril 1721, relative à l'opéra, elle n'admettait le prélèvement d'une somme pour les frais,
qu'avant la perception du dixième dû à l'Hôtel-
Dieu.

Il ne faut pas oublier d'ailleurs que cette taxe
avait un caractère tout à fait transitoire. La taxe du
sixième en faveur de l'Hôpital-général avait seule
été établie d'une manière définitive, et il semble

1. *Op. cit.* p. 71.
2. C'est évidemment le septième qu'il faut lire.

bien qu'elle fut toujours perçue sur la recette brute, c'est-à-dire par augmentation du prix des places, comme le voulaient les ordonnances qui la créèrent.

M. Husson, dans une note écrite en 1869 (1), nie l'existence de cet arrêt du conseil, cité d'autre part par MM. Lacan et Paulmier (2) comme ayant admis le principe de la perception sur la recette, déduction faite des frais.

Ces derniers auteurs se trompent, et comme le dit M. Husson, il n'a jamais été fait de réduction d'aucune sorte sur le droit du sixième revenant à l'Hôpital-général. Mais il est évident aussi que des Essarts n'a pas inventé l'arrêt qu'il cite depuis la première jusqu'à la dernière ligne, et qui peut fort bien ne pas se trouver dans les archives de l'Assistance publique puisqu'il ne concernait pas l'Hôpital-général et n'innovait en rien pour l'Hôtel-Dieu.

Une transaction du 28 mai 1762 (3) passée entre l'Hôtel-Dieu et l'Hôpital-Général d'une part, les comédiens français et les comédiens italiens de l'autre, appliqua textuellement à ces derniers comme aux premiers, les dispositions de l'article 25 de l'arrêt de 1757.

1 Note sur le droit des pauvres, lue dans la séance du 13 décembre 1869 à la commission spéciale instituée pour examiner les questions qui se rattachent à ce droit, par M. A. Husson, Paris, Dupont, 1870, p. 6.

2. *Législation des théâtres*, n° 129.

3. Collect. des inventaires sommaires, p. 378, n° 5016.

A la suite de cette transaction, et comme une perception rigoureuse présentait de grandes difficultés, on en revint au système de l'abonnement. Les comédiens français payèrent 60,000 livres par an et l'Opéra 70,000 livres (1).

12. — Le droit des pauvres, tout au moins le droit du sixième, continua à être perçu jusqu'en 1789, sans modifications nouvelles. Il avait résisté malgré les doléances des comédiens, et s'était si bien établi que son principe ne paraît pas avoir été contesté par l'opinion publique. C'est ce qui résulte de deux passages que nous empruntons à Voltaire et Beaumarchais, deux grands ennemis des abus de toute sorte :

« Il faudrait, dit Voltaire, avoir souvent dans l'esprit le contraste d'une fête de Versailles, d'un opéra de Paris, où tous les plaisirs et toutes les magnificences sont réunies avec tant d'art, et d'un Hôtel-Dieu où toutes les douleurs, tous les dégoûts et la mort sont entassés avec tant d'horreur. C'est ainsi que sont composées les grandes villes.

Par une police admirable, les voluptés mêmes et le luxe servent la misère et la douleur. Les spectacles de Paris ont payé, année commune, un tribut de plus de cent mille écus à l'hôpital (2) ».

---

1. Husson, note citée, p. 7. Collé, *Journal*, p. 661, en note.
2. Voltaire, *Œuvres complètes*, édit. Lefèvre, t. XXIV. *Dictionnaire philosophique*, vᵒ *Charité, Hôpitaux*, p. 67.

Et Beaumarchais discute ainsi le compte des droits d'auteur qui lui sont dûs pour le *Barbier de Séville* :

« Quant aux frais, ils ne nous paraissent pas plus embarrassants à fixer que la recette et doivent se partager avec la même équité. Les plus respectables de tous sont l'impôt prélevé sur les spectacles en faveur des pauvres. Il est hors de tout conteste, car il se forme du prélèvement net d'un quart de la recette annuelle et journalière » (1).

---

1. *Compte-rendu aux auteurs dramatiques.* OEuvres complètes, t. VI, p. 14.

CHAPITRE III

13. — Le célèbre décret du 4 août 1789, en abolissant par son article 5, les dîmes et redevances de toute nature possédées par tous gens de mainmorte, supprimait en principe le droit des pauvres. Mais cette suppression n'avait lieu qu'en principe, car elle n'était édictée que sauf à aviser aux moyens de subvenir d'une autre manière au soulagement des pauvres, et en attendant qu'il y eût été pourvu, l'assemblée nationale ordonnait que les dîmes continueraient d'être perçues suivant les lois et en la manière accoutumée.

En fait, la perception du droit des pauvres fut bien réellement continuée pendant quelques années, comme le prouve tout d'abord le décret des 16-24 août 1790 sur l'organisation judiciaire. L'article 4 du titre XI du décret est ainsi conçu :

« Les spectacles publics ne pourront être permis et autorisés que par les officiers municipaux. Ceux des entrepreneurs et directeurs actuels qui ont obtenu des autorisations, soit des gouverneurs des anciennes provinces, soit de toute autre manière se pourvoieront devant les officiers municipaux qui confirmeront leur jouissance pour le temps qui en reste à courir, *à charge d'une redevance envers les pauvres.* »

Le montant de cette redevance était toujours à Paris au moins, le quart de la recette brute, ainsi que nous l'apprennent les feuilles du contrôle de la comédie française pour l'année 1790, lesquelles portent cette mention : « *Prélevé sur la recette, le quart des hôpitaux* » (1).

On cite quelques années plus tard en nivôse an VI, un arrêté invitant les théâtres à donner tous les mois une représentation au profit des pauvres (2).

Mais ce n'était plus là le droit des pauvres tel que l'avait organisé l'ancien régime, et il est certain qu'on cessa complètement de le percevoir pendant les années révolutionnaires, quoiqu'on n'eût pas encore pourvu d'une autre manière au soulagement des pauvres, comme le promettait le décret du 4 août 1789.

Il est probable que le droit disparut de lui-même sans avoir jamais été supprimé officiellement d'une façon définitive. Il fallait bien qu'on cessât de le percevoir à une époque où tout fut bouleversé dans l'État, où les théâtres chômèrent plus d'une fois, et

1. Rapport de la commission du droit des pauvres, p. 9. Paris, imprimerie impériale, 1870.
2. Voy. Hostein : *De la liberté des théâtres*, 1867.

ou l'assistance publique elle-même disparût à peu près sous les efforts peu pratiques tentés par la Convention pour l'établir sur des bases plus grandioses que par le passé. Or le droit devait forcément disparaître, si l'institution en faveur de laquelle il était perçu, se trouvait elle-même à peu près détruite.

14. — Mais dès que le calme fut rétabli, dès que les pouvoirs publics s'occupèrent de réorganiser l'assistance, le droit des pauvres réapparut comme de lui-même.

La Convention avait voulu édifier un code complet de la bienfaisance publique et n'avait rien pu créer de pratique. Le Directoire agit comme si rien ne subsistait de ces projets. La première loi sur l'assistance publique qu'il fit voter par les Conseils fut la loi du 7 *frimaire an V* qui créait les bureaux de bienfaisance. Elle rétablissait en même temps le droit des pauvres comme une ressource naturellement affectée à cette nouvelle institution (1).

C'était toujours la même idée qui guidait le législateur : faire profiter les plus pauvres des plaisirs recherchés par les plus riches, en leur donnant une part de l'argent dépensé par ces derniers pour leurs amusements. Cette pensée d'humanité et de charité née du contraste de la douleur et du plaisir sert donc encore de fondement à l'impôt sur le prix des

---

1. Voir le *Moniteur* du 10 frimaire, an IV.

places dans les spectacles. Après avoir eu un caractère plutôt religieux aux début, elle prend ensuite
avec Voltaire une apparence philosophique qu'elle
conserve dans le message du Directoire au conseil
des Cinq Cents : (1)

« La saison rigoureuse s'avance, les besoins de
l'indigence vont s'augmenter avec elle, et la diminution des travaux moins multipliés que dans les
beaux jours, affaiblira les ressources des familles
laborieuses.

« Néanmoins ce temps, le plus dur à passer
pour ceux qui ne peuvent que gagner le pain du
jour, c'est le temps des plaisirs pour les personnes
favorisées de la fortune.

« Le Directoire a pensé qu'il serait *aussi juste
qu'humain* de tirer parti de cette dernière circons-
tance pour venir au secours de ceux que leur invalidité ou le manque d'ouvrage mettraient dans le
besoin : une légère augmentation du prix des billets
d'entrée aux spectacles dans toute la République
procurerait une somme assez considérable pour
aider à remplir un objet aussi sacré... »

Comme on le voit par cet exposé, le droit des
pauvres, dans la pensée du Directoire, ne devait
pas être rétabli d'une manière définitive ; il était
représenté comme un remède juste et utile à une

1 *Moniteur* du 14 brumaire an V.

situation qu'on espérait voir cesser. On n'avait pas
encore renoncé complètement (ou du moins on ne
l'avouait pas) à l'espérance de voir le paupérisme
disparaître grâce à la Révolution, comme aussi on
ne prenait pas encore volontiers son parti de rétablir une institution de l'ancien régime.

Aussi la loi du 7 frimaire an V, dans son article Ier, ne rétablissait-elle la taxe que pour six
mois seulement. Néanmoins cette perception, constamment prorogée depuis, n'a plus jamais cessé de
se faire : le provisoire a, cette fois encore, mieux
duré que bien des choses définitivement établies.

Le nouveau droit des pauvres ne différait pas
seulement de l'ancien par son caractère provisoire.
On peut signaler entre eux des différences plus
réelles.

Au lieu du sixième en sus du prix des places,
on n'exigeait plus que le dixième (1). L'impôt ne
s'appliquait plus seulement aux théâtres, il était
étendu à tous les genres de spectacles auxquels le
public est admis en payant : bals, feux d'artifices,
concerts, courses et exercices de chevaux. Enfin il
n'était plus affecté aux besoins des hospices ; il était
au contraire tout spécialement destiné à secourir
les indigents qui n'étaient pas dans les hospices,
c'est-à-dire à servir de ressources aux bureaux de

---

1. C'est-à dire le onzième de la recette.

bienfaisance créés par les articles suivants de
la loi.

Le bureau central dans les communes où il y
avait plusieurs municipalités et l'administration
municipale dans les autres étaient chargés de déterminer les mesures convenables au recouvrement
du droit.

Voici le texte des articles de la loi du 7 frimaire
an V, qui concernent le droit des pauvres :

« Art. 1er. — *Il sera perçu un décime par franc
(deux sous pour livre) en sus du prix de chaque billet
d'entrée, pendant six mois, dans tous les spectacles où
se donnent des pièces de théâtre, des bals, des feux d'artifices, des concerts, des courses et exercices de chevaux,
pour lesquels les spectateurs payent. La même perception aura lieu sur le prix des places louées pour un
temps déterminé.*

« 2. — *Le produit de la recette sera employé à secourir les indigents qui ne sont pas dans les hospices.*

. . . .

« 6. — *Lesdites administrations (les administrations
municipales) détermineront les mesures qu'elles croiront
convenables pour assurer le recouvrement du droit ordonné par l'article 1er.* »

15. — Ce texte de loi fut complété pour Paris par
l'arrêté du 29 frimaire an V (1).

1. Recueil des lois, ordonnances et décrets applicables à l'administration générale de l'assistance publique à Paris. Paris, Paul Dupont,
1887, p. 252.

Il paraît en effet que les directeurs des spectacles de la capitale mirent de la mauvaise volonté à se soumettre à la nouvelle législation, car le Directoire dut mettre fin à leur résistance par cet arrêté, dont voici le préambule :

« Le Directoire exécutif,

« Considérant que l'exécution de la loi du 7 frimaire dernier, qui ordonne pendant six mois, au profit des indigents, la perception d'un décime par franc en sus du prix des billets d'entrée dans tous les spectacles, n'a été retardée que par les difficultés qu'ont présentées les directeurs et les entrepreneurs des spectacles de Paris.

« Considérant qu'il importe de les faire cesser,

« Arrête ce qui suit : etc. »...

Les directeurs étaient tenus d'opérer la perception à partir de la notification de l'arrêté, et d'envoyer, le primidi de chaque décade, le relevé de leurs registres d'entrée au bureau central, lequel devait faire le décompte des sommes à verser au bureau général de bienfaisance.

16. — La taxe fut prorogée successivement par les lois des 2 floréal an V, 8 thermidor an V, 2 frimaire an VI, 19 fructidor an VI, sixième jour complémentaire de l'an VII, les arrêtés des 7 fructidor an VIII, 9 fructidor an IX, 18 thermidor an X, 10 thermidor an XI, et les décrets des 30 thermidor an XII, 8 fruc-

tidor an XIII, 21 août 1806 et 26 novembre 1808. Le décret du 9 décembre 1809 la rendit définitive.

Mais tous ces textes législatifs ne se bornèrent pas à proroger la perception du droit sans jamais innover. Du moment où cette perception tendait de plus en plus à prendre un caractère définitif, il fallait l'organiser et la définir exactement ; à mesure aussi que l'assistance publique se reconstituait les ressources fournies par le droit des preuves devenaient plus précieuses, et il était naturel qu'on songeât à les augmenter.

17. — Nous avons dit que l'article 6 de la loi du 7 frimaire an V chargeait les administrations municipales de prendre les mesures convenables pour assurer le recouvrement du droit des pauvres.

A Paris, l'administration installa dans chaque théâtre un bureau spécial de perception.

Ce système avait l'avantage de bien montrer le caractère de l'impôt, droit perçu sur le spectateur en sus du prix des places ; mais il avait l'inconvénient grave d'aboutir à une complication inutile. Aussi les directeurs de théâtre réclamèrent-ils immédiatement contre ce mode de perception et nous avons vu comment l'arrêté du 29 frimaire an V, complété depuis par un arrêté de police du 23 ventôse an VIII (1) chargea les directeurs et entrepreneurs

1. Dalloz. *Jurisprudence générale.* V° *Théâtre, Spectacle.*

de spectacles eux-mêmes de la perception du droit,
sous la surveillance du bureau central qui devait vérifier l'exactitude de leurs comptes.

18. — La loi du 8 thermidor an V apporta de
graves modifications à celle du 7 frimaire de la même
année.

Le principe de l'impôt une fois accepté, les pouvoirs publics devaient naturellement se trouver por-
tés à en étendre le bénéfice et à en augmenter les
produits. C'est ce qu'ils firent par la loi du 8 thermidor. Dans son article 3 cette loi décidait que le produit de la taxe serait consacré aux besoins des hospices aussi bien qu'aux secours à domicile ; ainsi les
bureaux de bienfaisance ne devaient plus seuls en
profiter ; les hospices devaient prendre part aux produits comme avant 1789. Le bureau central, ou l'administration municipale, suivant les cas, était chargé
de déterminer la proportion suivant laquelle le partage se ferait.

Cette extension aux hospices du bénéfice de l'impôt appelait naturellement une augmentation de ce
dernier.

Or, de par l'article 1er, le droit continuait à être
d'un décime par franc dans les spectacles où se
donnent des pièces de théâtre ; mais l'article 2 le
portait *au quart de la recette brute à l'entrée des bals,
feux d'artifice, concerts, courses et exercices de chevaux
et autres fêtes où l'on est admis en payant.*

Ainsi, les théâtres continuaient à être mieux traités que sous l'ancien régime qui leur faisait donner un septième au moins de leurs recettes. Mais les autres spectacles publics voyaient l'impôt monter pour eux au quart de la recette brute, chiffre qu'il n'avait jamais atteint jusqu'alors que d'une manière provisoire, quand au droit du sixième en sus du prix des billets d'entrée s'était ajouté celui du neuvième.

Cette augmentation pouvait paraître à bon droit excessive, et elle ne fut pas adoptée sans protestation.

Au conseil des Anciens, dans la séance du 8 thermidor (1), Porcher demanda qu'il fût au moins nommé une commission pour examiner la résolution du conseil des Cinq Cents.

Tout en approuvant le principe de la loi, il était d'avis que l'extension du droit était trop considérable et allait jusqu'à porter atteinte à la propriété. Il faisait remarquer, en effet, que les fêtes dont il était question n'avaient lieu que pendant un tiers de l'année et exigeaient des fonds considérables qui ne produisaient aucun intérêt pendant les deux autres tiers. Il craignait de voir le public les abandonner, par suite de la trop grande élévation des prix, et s'alarmait au nom de la gaieté française.

1. *Moniteur* du 12.

7

Il faut croire que les besoins des hospices étaient considérables, car, malgré ces excellentes raisons, le conseil des Anciens passa outre et approuva la résolution séance tenante.

Depuis cette époque, la distinction établie ainsi entre les théâtres et les autres spectacles publics fut toujours maintenue, et ces derniers ne cessèrent jamais d'être traités plus durement que les premiers.

19. — A partir de la mise en vigueur de la Constitution de l'an VIII, le droit des pauvres fut prorogé par des arrêtés des consuls pris en vertu des lois autorisant la perception des contributions directes et indirectes.

La nouvelle Constitution modifiant gravement, l'administration municipale exigeait une nouvelle désignation de l'autorité chargée de répartir le produit du droit entre les hospices et les bureaux de bienfaisance. L'arrêté du 7 fructidor an VIII chargea le préfet de faire cette répartition sur l'avis du sous-préfet.

La réglementation administrative qui se développa à cette même époque en France, ne laissa pas de côté le droit sur les spectacles. Elle s'en empara comme d'une taxe dont il s'agissait d'organiser définitivement la perception, quoi qu'elle se fît encore officiellement d'une manière provisoire.

Dès le 23 ventôse an VIII, un arrêté du préfet de

police de Paris avait mis le régime de la perception du droit en harmonie avec la nouvelle organisation politique (1).

Les administrateurs municipaux, autrefois au
nombre de sept, désormais réduits à trois (un maire
et deux adjoints), ne pouvaient plus conserver la
surveillance des recettes des spectacles publics et
rester chargés du prélèvement à opérer en faveur
des indigents.

Cette mission fut désormais confiée aux membres
des comités de bienfaisance. Les comités devaient
nommer un ou deux de leurs membres avec la mission d'assister aux comptes rendus chaque jour par
les buralistes des différents théâtres. Ils certifiaient
les états de recettes et les faisaient certifier par les
caissiers des établissements soumis à la perception
du droit. Ces états de recettes étaient envoyés au
préfet de police qui en faisait opérer le recouvrement par le caissier général de bienfaisance. Dans
les établissements dépourvus de caissiers responsa-
bles, les membres des comités de bienfaisance devaient prélever immédiatement la portion des pauvres sur la recette.

La circulaire ministérielle du 24 fructidor an
VIII (2) vint régler l'application de l'arrêté du 7 fructidor.

1. Dalloz. *Jur. Gén.* V° *Théâtre-Spectacle.*
2. De Watteville. *Législation charitable.*

Les préfets et les sous-préfets étaient investis désormais du pouvoir que la loi du 7 frimaire an V attribuait aux administrations municipales, de déterminer les mesures convenables pour assurer le recouvrement des droits.

Cette circulaire expliquait encore comment les préfets devaient procéder à la répartition entre les bureaux de bienfaisance et les hospices. Leur rôle devait se borner à indiquer dans quelle proportion les établissements devaient se partager le produit des droits. Le ministre invitait, d'ailleurs, les préfets à examiner la question de savoir s'il ne serait pas plus convenable d'affecter la totalité des produits soit aux secours à domicile, soit aux dépenses des hôpitaux : « Le partage de ces droits entre deux administrations distinctes, disait-il, les rend trop modiques pour chacune d'elles, et double d'ailleurs la surveillance que vous avez à exercer sur l'emploi que ces administrations respectives sont chargées d'en faire. »

Une nouvelle circulaire ministérielle vint stimuler le zèle des préfets le 26 fructidor an X (1). Le ministre de l'intérieur Chaptal faisait remarquer d'abord qu'on n'avait pas su tirer des droits toutes les ressources qu'on devait en espérer. Il recommandait différents moyens pour les augmenter.

1. De Watteville. *Législation charitable.*

Les droits devaient être perçus sur la totalité des prix d'entrée, même dans les établissements où une partie de ce prix représentait la valeur des consommations qu'on offrait ensuite aux spectateurs ; c'était aux directeurs à calculer leurs prix en conséquence. Le droit devait être perçu encore dans les établissements où l'on entrait sans payer, mais où différents divertissements étaient offerts au public moyennant une rétribution.

Par contre, lorsqu'une représentation à bénéfice était donnée dans un théâtre, le droit ne devait être perçu que sur la valeur ordinaire des billets d'entrée et non sur l'augmentation du prix des places.

Enfin, le ministre recommandait, comme son prédécesseur, d'accorder la totalité des produits soit aux hôpitaux, soit aux bureaux de bienfaisance, et de préférence à ces derniers, comme on le faisait à Paris.

20. — L'arrêté du 10 thermidor an XI assimila le Panorama et le théâtre pittoresque et mécanique aux spectacles pour la quotité du droit à percevoir, et s'occupa, pour la première fois, des affaires contentieuses relatives au droit des pauvres.

« Les contestations qui pourront s'élever dans l'exécution ou l'interprétation du présent arrêté, dit l'article 3, seront décidées par les préfets, en conseil de préfecture, sur l'avis motivé des comités consultatifs établis en exécution de l'arrêté du 7

messidor an IX, dans chaque arrondissement com-
munal, pour le contentieux de l'administration des
pauvres et des hospices, sauf en cas de réclamation,
le recours au gouvernement. »

Les décisions rendues par les conseils de préfecture devaient être exécutées provisoirement, même
en cas de recours, d'après l'article 3 du décret des
8 fructidor an XIII et le même décret assimilait complètement dans son article 2, le droit des pauvres aux
contributions directes et indirectes pour les poursuites à exercer dans le but d'en assurer le recouvrement ; il supprimait par là même la compétence
du préfet pour établir celle du conseil de préfecture.

21. — Entre temps, le ministre de l'Intérieur
avait pris l'initiative d'une proposition tendant à
assujettir les billets d'entrée gratis au paiement de
la taxe.

Mais un avis du conseil d'État déclara le 4 fructidor an XIII qu'il n'y avait pas lieu d'adopter la mesure proposée. L'abus des billets donnés gratis n'é-
tait pas tel, disait le conseil d'État, qu'il fut nécessaire de chercher à y apporter remède par un décret ; c'était aux autorités à y pourvoir. Le mode de
comptabilité suivi à Paris et les mesures locales
prises dans les départements devaient suffire à pré-
venir la fraude (1).

1. De Watteville. *Législation charitable.*

22. — On voit que plus l'existence du droit sur les spectacles se prolongeait, plus le caractère provisoire qu'on lui avait donné au début tendait à disparaître. Les circulaires ministérielles que nous venons de citer ne s'expliqueraient même pas, si,dès cette époque la perception du droit des pauvres n'eût pas été considérée comme désormais permanente.

Ce caractère de permanence lui fut enfin légalement donné par l'article 1er du décret du 9 décembre 1809 qui régit encore la matière : « Les droits qui ont été perçus jusqu'à ce jour en faveur des pauvres ou des hospices, en sus de chaque billet d'entrée et d'abonnement dans les spectacles, et sur la recette brute des bals, concerts, danses et fêtes publiques, *continueront à être indéfiniment perçus, ainsi qu'ils l'ont été pendant le cours de cette année et des années antérieures, sous la responsabilité des receveurs et contrôleurs de ces établissements.* »

C'est en vertu de ce décret que le droit des pauvres fut perçu jusqu'à la fin de l'Empire. Mais avec l'établissement du régime parlementaire sous la Restauration, le décret de 1809 ne pouvait plus suffire puisque la perception de tous les impôts devait être autorisée chaque année par les Chambres lors du vote du budget.

Aussi la loi de finances du 25 mars 1817 assimila-t-elle par son article 131, le droit des pauvres aux contributions publiques, et depuis lors, chaque année, la loi du budget en autorise la perception.

23. — Cependant les directeurs de théâtre et de spectacles publics renouvelèrent les réclamations qu'ils faisaient entendre déjà sous Louis XV, lorsqu'au régime autoritaire du premier Empire qui avait réduit le nombre des théâtres à huit, succéda le gouvernement de la Restauration, qui vit constamment se multiplier les théâtres.

En 1840, cette agitation avait encore produit peu d'effets lorsqu'une pétition fut adressée à la Chambre dans le but d'obtenir un abaissement du droit en faveur des concerts quotidiens.

Les concerts quotidiens se trouvaient soumis au même régime que les cafés-concerts, ils devaient payer le quart de la recette brute en vertu de la loi du 8 thermidor an V. On demandait aux Chambres de les assimiler aux théâtres et de n'exiger d'eux que le dixième en sus du prix d'entrée.

« Cette demande nous a parue fondée, disait le rapporteur M. Vuitry (1). Les entrepreneurs de concerts quotidiens donnent des représentations régulières, et sont, comme les entrepreneurs de spectacles, exposés à voir dans certains soirs leurs recettes ne pas s'élever en proportion de leurs frais ; il est donc juste de leur appliquer le droit le plus modéré. »

1. Duvergier. *Collect. des Lois.* 1840, p. 220.

Par suite, la loi du budget du 16 juillet 1840 accorda aux concerts quotidiens le même traitement qu'aux théâtres.

Mais les directeurs de théâtre réclamèrent si bien de leur côté, qu'on finit par prendre officiellement leurs doléances en considération.

Le 2 août 1845, le ministre de l'intérieur nomma deux inspecteurs généraux MM. de Watteville et de Lurieu pour examiner la situation des théâtres (1). Leurs conclusions furent que l'impôt était excessif, qu'il devait subir une réduction ou qu'on devait se contenter de le percevoir sur les recettes, déduction faite des frais. Mais ce rapport ne reçut aucune sanction législative.

24. — La révolution de 1848 n'améliora pas la situation des théâtres. Bien au contraire ; il y eût alors une crise pendant laquelle les directeurs eurent le plus grand mal à faire leurs frais, quand ils y réussirent. Aussi l'un des premiers soins du ministre de l'intérieur Ledru-Rollin fut-il de décider dès le 28 février 1848 que les bénéfices seuls seraient atteints par la taxe. (2) « Jusqu'à ce que la somme des frais de chaque théâtre (disait la circulaire ministérielle) ait pu être fixée d'une manière exacte, les contrôleurs des hospices devront se borner à

1. Edouard Fournier. *Le théâtre et les pauvres*; p. 25. — Hostein, *op. cit.*, p. 89.
2. Hostein, *op. cit.*, p. 89.

constater chaque jour le montant des recettes quotidiennes. »

Mais cette décision fut bientôt rapportée par suite de la résolution prise par l'administration de l'assistance publique d'abaisser provisoirement la perception du droit à 1 pour 100 de la recette.

Cependant le gouvernement institua une commission des théâtres qui étudia la question et proposa le 31 octobre 1848 d'accepter le chiffre invariable de 5 pour 100 comme taux de l'impôt. Cette proposition fut recueillie par le ministre de l'intérieur qui en saisit le Conseil d'État le 29 janvier 1849.

Le Conseil d'État s'occupait alors de la rédaction d'un projet de loi sur les théâtres. Le ministre pensait qu'on devait faire passer de la loi du budget dans cette loi spéciale les dispositions relatives au droit des pauvres, ce qui était au moins fort contestable. L'article additionnel qu'il proposait, était ainsi conçu : « La perception faite conformément aux lois existantes, sur les billets d'entrée dans les théâtres sera, à l'avenir de 5 pour 100 sur la recette brute des billets pris aux bureaux. »

La proposition du ministre n'eut pas d'autre suite, le conseil d'Etat l'ayant ajournée jusqu'à ce que le mode de recouvrement eût été plus sûrement étudié (1).

1. Hostein, *op. citat.* — Rapport de la commisssion du droit des pauvres, 1870, p. 29.

25. — Deux ans plus tard, un député, M. Sautayra saisissait l'assemblée nationale d'une proposition tendant à établir la perception de l'impôt sur la recette, déduction faite des dépenses.

Sa proposition fut discutée le 12 mars 1851. La prise en considération fut combattue par M. Dupin, qui fit valoir entre autres raisons celle-ci : que l'impôt cesserait alors d'être perçu sur le spectateur pour être perçu sur l'entrepreneur et donnerait lieu à une foule de chicanes pour la fixation du montant des frais. L'assemblée refusa de prendre en considération la proposition de M. Sautayra.

La question sommeilla pendant quelques années, mais elle se réveilla à la suite du décret du 6 janvier 1864 sur la liberté des théâtres.

L'article 2 de ce décret était le suivant :

« Continueront d'être exécutées les lois existantes sur la police et la fermeture des théâtre, *ainsi que sur la redevance établie au profit des pauvres et des hospices.* »

Cette disposition sembla aux intéressés incompatible avec le principe de la liberté des théâtres, et ils soutinrent contre toute apparence de raison que le décret du 6 janvier 1864 devait entraîner un remaniement, sinon la suppression du droit des pauvres. Une campagne fut entamée d'autant plus vivement

2. Moniteur du 13.

que la liberté des théâtres avait pour résultat d'augmenter la concurrence déjà si grande, et par suite
de diminuer les recettes.

Un des premiers actes de cette campagne fut une
pétition adressée en 1866 au sénat par les directeurs du théâtre Beaumarchais. Ils demandaient, si
l'on ne voulait pas supprimer le droit des pauvres,
qu'il ne fût aux moins perçu que sur les bénéfices
nets. Ils alléguaient qu'après avoir pris possession
du théâtre en 1865 ils se retiraient avec un passif
de 12000 francs alors qu'ils avaient versé 15677 fr.
dans les caisses de l'assistance publique.

M. Boudet, chargé du rapport sur cette pétition,le
lut à la séance du 18 mai 1866 et conclut à l'ordre
du jour en se fondant sur les mêmes motifs qu'avait
invoqués M. Dupin. Le sénat passa purement et
simplement à l'ordre du jour.(1)

26. — La campagne continua dans la presse, des
brochures apparurent. En 1867, M. Hostein directeur du théâtre du Châtelet fit paraître un *mémoire
sur la liberté des théâtres*, dans lequel il demandait
formellement la suppression du droit des pauvres.

En 1869 au moment où le gouvernement instituait
une commission spécialement chargée d'examiner
la question, de nouvelles publications parurent encore et la lutte devint plus vive que jamais. (2)

_____

1. Moniteur du 19 mai 1866.
2. Notamment : Edouard Fournier, *le théâtre et les pauvres*, 1869.
— Le droit des pauvres (Requête d'intervention de Monsieur le pu-

Une commission fut donc instituée par un arrêté ministériel du 19 mai 1869 sous la présidence de M. Boudet, vice-président du Sénat. Son programme était ainsi tracé : « Etudier les questions qui se rattachent à la perception de l'impôt établi dans les théâtres et autres spectacles en faveur des indigents, et rechercher notamment :

« Si la redevance supportée par ces établissements ne pourrait pas être réduite dans une certaine mesure; » Si cette redevance ne pourrait pas être perçue sur la recette nette, au lieu de l'être sur la recette brute ;

« Si cet impôt tel qu'il est aujourd'hui perçu frappe également tous les établissements qui y sont assujettis. » (1)

La commission n'eût point de peine à établir la légalité incontestable, quoique contestée de la taxe; elle en reconnut aussi la légitimité et se prononça pour le maintien du droit des pauvres ; elle repoussa le système de la perception sur la recette nette, à cause des difficultés considérable qu'ils lui semblait devoir faire naître et de peur d'altérer le

blic dans le procès entre les directeurs de théâtre et spectacles et l'assistance publique). Voir aussi : Observations de l'administration de l'Assistance publique, Paul Dupont, 1868. Nouvelles observations, Paul Dupont, 1869. — Husson, note sur le droit des pauvres, Paul Dupont, 1870.

1. V. le rapport adressé à M. le ministre des Beaux-Arts par la commission. Paris, *Imprimerie Impériale*, 1870.

caractère de l'impôt. En un mot, la commission arrivait à cette conclusion que le droit des pauvres devait être maintenu dans sa quotité aussi bien que dans son principe, et repoussait toute espèce d'innovation.

Le rapporteur, M. Manceaux termina son travail le 27 juin 1870. Les évènements qui suivirent, firent oublier le droit des pauvres.

27. — Depuis, les pouvoirs publics ne s'en sont occupés qu'une seule fois à notre connaissance. Ce fut en 1875 à propos du budget de 1876. On déposa deux amendements à l'article 20 du projet du budget, article qui autorisait la perception du droit des pauvres.

L'un de ces amendements était présenté par MM. Raoul Duval et Ganivet. Il entraînait une réorganisation complète du droit des pauvres. Ce fut la raison pour laquelle il fut retiré par ses auteurs ; le temps faisait défaut pour aborder une question aussi importante (1).

L'autre amendement présenté par M. Beau avait pour but d'abaisser à trois pour cent le droit perçu sur la recette des concerts non quotidiens. On se rappelle en effet que la loi du 16 juillet 1840 ne concernait que les concerts quotidiens et les avait assimilés aux théâtres pour la quotité du droit à

_____

1. Séance du 3 août 1875. Officiel du 4, p. 6346.

percevoir. Les concerts non quotidiens devenus plus nombreux et dont l'existence était très intéressante restaient soumis, au moins en droit, à une perception du quart de la recette.

Le rapporteur M. Tirard montra facilement ce que cette taxe avait d'excessif. Elle était tellement lourde que l'administration de l'assistance, publique ne la percevait pas. Mais alors l'arbitraire remplaçait la loi. A certains concerts on prenait dix pour cent, à d'autres douze, à d'autres sept, à d'autres moins encore.

La commission proposait donc d'abaisser à cinq pour cent le droit perçu sur la recette des concerts non quotidiens donnés par les artistes ou les associations d'artistes. Elle constatait que les recettes de l'administration hospitalière diminueraient d'environ 9,000 francs par suite de cette modification, mais elle faisait remarquer que cette différence pouvait être comblée et au-delà par une application plus rigoureuse de la loi aux bals publics qui profitaient de réductions peu justifiées.

L'amendement fut adopté tel qu'il était présenté par la commission, c'est-à-dire qu'il s'appliquait seulement aux concerts d'artistes et d'associations d'artistes à l'exclusion des cafés-concerts, concerts, promenades ou concerts-bals (1).

1. Séance du 3 août 1870. Officiel du 4, p. 6345.

28. — Telle est la dernière modification qui ait
été apportée à la législation sur le droit des pauvres. Aujourd'hui cette taxe paraît à peu près acceptée. De temps à autre quelque réclamation se fait
encore entendre ; mais elle porte en général sur la
perception plutôt que sur le principe même de l'impôt.

A l'heure même où nous écrivons, le Conseil
municipal de Paris est saisi d'une pétition des directeurs de théâtre, à ce sujet. Le rapporteur, tout en
se déclarant favorable à la pétition, déclare avec raison que l'autorité législative seule est compétente.

Nous apprécierons plus loin la valeur des critiques adressées au droit des pauvres. Maintenant il
est temps, après cette revue historique qui paraîtra
peut-être trop étendue d'aborder l'examen de la législation actuellement applicable au droit des pauvres.

DROIT FRANÇAIS

—

DEUXIÈME PARTIE

ÉTUDE DE LA LÉGISLATION ACTUELLE SUR LE DROIT DES PAUVRES.

CHAPITRE Ier

DÉFINITION, CARACTÈRES ET PORTÉE DU DROIT DES PAUVRES

29. — Nous allons dans un premier chapitre, fixer les caractères essentiels du droit des pauvres, dire d'une manière générale quels plaisirs doivent le supporter et dans quelle proportion. En un mot, nous devons commencer par le définir et par en établir succinctement la portée.

Ces principes une fois posés, nous pourrons en discuter l'application , étudier quelles conditions doivent se trouver réunies pour qu'un spectacle ou un plaisir soient soumis à la perception du droit des pauvres, résoudre les difficultés qui se sont

8

présentées sur la quotité du droit à percevoir et la détermination exacte de la recette sur laquelle se fait le prélèvement. Ces différentes questions feront l'objet des chapitres suivants de notre seconde partie.

30. *Définition et caractères du droit des pauvres*. — Qu'est-ce que le droit des pauvres?

C'est un impôt sur le plaisir au profit de l'indigence, a répondu M. Dupin dans son discours à l'Assemblée nationale, le 12 mars 1851.

Rien n'est plus exact en fait que cette réponse, puisque le droit des pauvres est perçu en sus des sommes d'argent que donne le public pour se procurer certains plaisirs, et qu'il profite à l'assistance publique, c'est-à-dire aux pauvres. Mais ce n'est là qu'une constatation de fait, ce n'est pas une définition scientifique de l'impôt.

La science financière a établi plusieurs catégories d'impôts. Dans laquelle de ces catégories rentre celui-ci, quels sont ses caractères particuliers, en quoi se distingue-t-il des autres?

On a dit quelquefois que le droit des pauvres était un impôt *somptuaire*, et même que c'était le seul impôt somptuaire existant en France (1).

Si l'on a voulu dire ainsi que le droit des pauvres est un impôt destiné à atteindre le superflu du re-

---

1. Cros-Mayrevieille, *Traité de l'administration hospitalière*, p. 294. — Fleury-Ravarin, *De l'assistance communale en France*, p. 214.

venu consacré au plaisir par les personnes riches ou aisées, la définition n'est pas inexacte. Mais elle répond mal au sens précis de l'expression *impôt somptuaire*, et en admettant que l'on puisse prendre cette expression dans un sens aussi large, le droit des pauvres n'est pas alors le seul impôt somptuaire qui existe en France. C'est le propre de tous les impôts bien établis d'atteindre le revenu, et il en est beaucoup qui atteignent plus particulièrement la partie du revenu consacré aux dépenses de luxe, c'est-à-dire le superflu. Il suffit de citer la taxe sur les voitures, sur les chiens, sur les billards, l'impôt sur les cartes à jouer, le monopole du tabac, et les impôts sur les boissons alcooliques.

À vrai dire, un véritable impôt somptuaire est un impôt destiné avant tout à combattre le luxe, et non à en profiter. Or le droit des pauvres n'est en aucune façon destiné à combattre le goût des spectacles, pas plus que les impôts sur les boissons ou sur le tabac ne sont destinés, quant à présent du moins, à combattre l'alcoolisme ou l'abus du tabac; et de même que ces derniers ne sauraient être considérés comme des impôts exclusivement hygiéniques, de même le droit des pauvres ne peut être désigné comme un impôt somptuaire.

Le droit des pauvres atteint le spectateur.

Il est prélevé sur les sommes que le public affecte

à ses plaisirs. Ce n'est donc en réalité qu'une contribution indirecte. Comme tous les impôts indirects,
il cherche à atteindre le revenu grâce à une de ses
manifestations. Il se trouve que cette manifestation
par laquelle le droit atteint le revenu est une dépense de luxe, la manifestation d'un revenu superflu ; nous en conclurons que l'impôt est en principe
parfaitement légitime, mais nous n'en ferons pas un
impôt somptuaire.

31. — Le droit des pauvres est donc une contribution indirecte (1).

Mais cet impôt revêt certains caractères particuliers. Il ne tombe pas, comme la plupart des impôts
dans les caisses de l'Etat ou des communes, pour s'y
confondre avec le produit de tous les autres impôts,
c'est une recette affectée à une dépense spéciale, le
soulagement des pauvres, et comme il existe officiellement des établissements destinés à secourir
les pauvres, c'est dans leur caisse qu'est versé le
produit du droit. Ce sont les bureaux de bienfaisance et les hospices qui le touchent, en province,
par l'intermédiaire de la commune, à Paris et dans
quelques grandes villes, directement, grâce à l'organisation spéciale de l'administration de l'assistance publique.

C'est donc une particularité de cet impôt qu'il ait

1. Bequet, *Régime et législation de l'assistance publique et privée*,
n° 692, p. 250.

reçu une affectation spéciale. Cette exception aux règles ordinaires de la comptabilité n'est cependant pas unique ; d'autres textes présentent le même caractère, comme le produit des confiscations et des amendes, des concessions dans les cimetières, certains droits de péage sur les ponts, dans les ports, etc... .

32. — Nous n'avons pas besoin de revenir sur le caractère du droit des pauvres et de montrer qu'il frappe le spectateur puisqu'il est perçu en sus du prix des places. Ce point est dès à présent établi. Il est vrai que l'impôt n'atteint le spectateur qu'indirectement et par l'intermédiaire de l'entrepreneur. Mais c'est qu'il était trop compliqué et vraiment bien inutile d'établir un second bureau de recettes à l'entrée des spectacles. L'entrepreneur n'est donc qu'en apparence le débiteur du droit ; il en est seulement le percepteur.

Ainsi le droit des pauvres peut être défini : *Une contribution indirecte avec affectation spéciale, contribution perçue par augmentation du prix d'entrée dans les spectacles publics, au profit des hospices et des bureaux de bienfaisance.*

33. — *Portée du droit des pauvres.* — Il nous faut déterminer maintenant d'une façon générale sur la recette de quels établissements, spectacles ou amusements publics, les lois existantes autorisent le prélèvement du droit des pauvres et dans quelle proportion elle les atteint.

Rappelons immédiatement que le droit des pauvres n'est pas le même pour tous les établissements qui y sont soumis. Certains d'entre eux ne doivent payer qu'un dixième en sus du prix d'entrée, c'est-à-dire un onzième de la recette brute ; d'autres, depuis la loi du 8 thermidor an V peuvent être forcés d'abandonner jusqu'au quart de leur recette brute. Enfin, la loi du 3 août 1875 a permis aux concerts non quotidiens de se libérer par un prélevement de 5 pour 100 sur la leur.

34. — Quel est donc le droit commun à appliquer ? Quelle est la règle générale et quelle est l'exception ? Est-ce la perception du dixième en sus qui devra se faire, ou celle du quart, lorsqu'il s'agira d'un établissement qui ne rentrera pas dans les termes des énumérations contenues dans les différentes lois qui régissent la matière ?

La solution de cette question doit évidemment se chercher dans la loi du 8 thermidor an V. La loi du 7 frimaire précédent avait soumis à la perception d'un décime par franc sur le prix de chaque billet les spectacles où se donnent des pièces de théâtre, des bals, des feux d'artifices, des concerts, des courses et exercices de chevaux pour lesquels les spectateurs payent.

La loi du 8 thermidor vint établir la perception du quart de la recette brute dans certains établissements. C'est à elle de nous dire si c'est la nouvelle ou l'ancienne taxe qui est la taxe de droit commun.

« Le droit d'un décime par franc, dit l'article 1er, continuera à être perçu en sus du prix de chaque billet d'entrée et d'abonnement dons tous les spectacles où se donnent *des pièces de théâtre.* »

Et l'article 2 ajoute :

« Le même droit d'un décime par franc établi à l'entrée des bals, des feux d'artifices, des concerts, des courses et exercices de chevaux *et autres fêtes où l'on est admis en payant,* est porté au quart de la recette. »

Ainsi pas de doute possible : la recette brute de toutes les fêtes où l'on est admis en payant doit subir une retenue d'un quart. C'est la règle générale. Exceptionnellement les théâtres, ou les établissements qui peuvent leur être facilement assimilés, continuent à n'être soumis qu'à la perception du dixième en sus du prix d'entrée.

L'arrêté du 10 thermidor an XI nous donne une application intéressante de ce principe. Il existait alors un panorama et un théâtre pittoresque et mécanique. Quelle était la quotité du droit à percevoir quant à ces établissements ? Il pouvait sembler bien difficile de considérer au moins le premier d'entre eux comme un spectacle où se donnaient des pièces de théâtre. Aussi pensa-t-on qu'une disposition spéciale était nécessaire pour les soustraire à la perception du quart.

L'article 2 de l'arrêté du 10 thermidor an XI les assimila positivement aux théâtres pour la quotité du droit à percevoir.

35. — Les textes législatifs sont donc bien formels, et cependant c'est le principe inverse qui est généralement appliqué en fait : c'est la perception du onzième de la recette brute qui est considérée comme la perception normale ; c'est elle qu'on applique toutes les fois qu'il s'agit d'un établissement qui ne se trouve pas formellement soumis à la perception du quart.

Mais l'article 2 de la loi du 8 thermidor an V prélève le quart sur la recette de toutes les fêtes où l'on est admis en payant ; comment alors pourra-t-on décider qu'un établissement ne tombe pas sous le coup de cet article ?

C'est ici qu'apparaît une distinction qui n'est pas dans la loi et qui a été imaginée depuis : sont soumis à la perception du quart de leur recette toutes les fêtes et tous les amusements offerts *accidentellement* au public. Sont au contraire soumis à la perception du onzième avec les théâtres tous les établissements où se donnent des spectacles *quotidiens,* sauf ceux spécialement énumérés dans la loi du 8 thermidor an V.

C'est ainsi, du moins que l'on interprète la dé-

cision ministérielle du 9 mai 1809 (1). Cette décision ne nous semble cependant pas avoir une portée si générale : « Sont assimilés, dit-elle, aux spectacles pour la quotité du droit à percevoir, les établissements où se jouent des pantomimes et des
scènes équestres, comme les cirques, les hippodro-
mes,... les salles de curiosités et d'expériences phy-
siques telles que les musées de personnages en cire,
les représentations de prestidigitation, etc... » (1).

Il semble que le ministre interprète ici le sens de
l'expression pièce de théâtre d'une façon bien large,
quoique conforme après tout à l'esprit de l'arrêté
du 10 thermidor an XI. Mais on ne voit pas qu'il ait
entendu bouleverser la législation en vigueur, et
faire de la taxe de droit commun la taxe excep-
tionnelle.

Au surplus, que cette jurisprudence du ministre
de l'Intérieur soit respectée avec le sens qu'elle lui
donne par l'administration de l'assistance publique,
et qu'elle soit invoquée par les intéressés, rien de
plus naturel, et même rien de mieux. Mais qu'elle
soit en contradiction formelle avec les textes de l'an
V, rien de plus évident.

36. — Nous nous heurtons par conséquent tout

1. Béquet, *op. cit.*, n°s 694 et 695. — Cros-Mayrevieille, *op. cit.*,
p. 298.
1. *Recueil des lois, ordonnances et décrets applicables a l'administration de l'assistance publique*, p.262, note 1.

d'abord à une application pratique du droit des pauvres absolument contraire au texte de la loi. Il est vrai qu'on a prétendu que cette illégalité de la décision ministérielle du 9 mai 1809 avait été couverte par l'art. 1er du décret du 9 décembre suivant. lequel est ainsi conçu : « Les droits continueront à être indéfiniment perçus, *ainsi qu'ils l'ont été pendant le cours de cette année et des années antérieures*, sous la responsabilité des receveurs et contrôleurs de ces établissements. » Or, dit-on, (1) au moment où fut promulgué ce décret, les droits étaient perçus conformément à la décision du 9 mai précédent; donc d'après le décret lui-même, ils doivent continuer à être perçus ainsi.

Mais il suffit de lire attentivement l'article 1er du décret du 9 décembre 1809 pour se convaincre qu'il ne vise nullement la décision ministérielle du 9 mai précédent. Il ne s'agit pas dans ce décret, d'innover quant à la portée des droits, et lorsque le texte dit qu'ils continueront à être perçus *ainsi qu'ils l'ont été pendant le cours de cette année et des années antérieures*, il ne parle évidemment que du mode de perception; il entend simplement conserver l'organisation administrative antérieure.

Ce qui le prouve bien, c'est l'assimilation qui est faite entre *cette année,* l'année 1809, et les années

1, Fleury-Ravarin. *De l'assistance communale,* p. 216.

antérieures ; il est clair qu'il ne s'agit pas de quelque chose qui aurait été changé en 1809. Ce qui le prouve encore, c'est la fin de l'article : les droits continueront à être perçus, comment ? Comme précédemment, c'est-à-dire, *sous la responsabilité des receveurs et contrôleurs* des établissements qui y sont soumis.

Il ne s'agit bien là que du mode de perception. L'article 2 ajoute en effet, continuant l'idée de l'article 1er et l'appliquant : « La perception de ces droits *continuera, pour Paris, d'être mise en ferme ou régie intéressée.* »

D'ailleurs on ne peut supposer avec vraisemblance qu'une telle formule d'abrogation se soit rencontrée sous la plume du législateur de 1809. Puisque le décret n'abroge les lois de l'an V ni expressément, ni par contrariété de dispositions, on ne peut admettre qu'il les abroge implicitement en donnant force de loi à une décision ministérielle qu'il ne vise même pas.

Nous maintenons donc qu'en droit tous les établissements où se donnent des spectacles et des fêtes quelconques doivent payer le quart de leur recette brute. Seuls les théâtres et les établissements qui y sont assimilés par la loi, ou qui peuvent leur être assimilés sans forcer le sens des mots, se libèrent en versant dans la caisse des pauvres la onzième partie de leur recette (1).

1. Cf. Cons. d'Etat, 16 juin 1841. Recueil des actes du conseil, 1841, p. 254.

37. — Ainsi d'après les textes législatifs :

1° Sont soumis au droit du quart de leur recette brute :

1. Les bals ;

2. Les feux d'artifices ;

3. Les concerts non quotidiens qui ne sont pas donnés par les artistes ou les associations d'artistes.

4. Les courses et exercices de chevaux.

5. En général, toutes les fêtes où l'on est admis en payant.

(*Loi du 8 thermidor an V, article 2*).

2° Sont soumis au droit du dixième en sus du prix des billets d'entrée.

1. Les spectacles où se donnent des pièces de théâtres.

(*Loi du 8 thermidor an V, art. 1*).

2. Les panoramas et théâtres pittoresques et mécaniques (théâtres de marionnettes).

(*Arrêté du 10 thermidor an XI, art. 2*).

3. Les concerts quotidiens.

(*Loi du 16 juillet 1848, art. 9*).

3° Sont soumis au droit de 5 pour 100 ou du vingtième de leur recette brute :

Les concerts non quotidiens donnés par les artistes ou les associations d'artistes.

(*Loi du 3 août 1875, art. 23*).

Mais l'application de ces textes a donné lieu à un certain nombre de difficultés dans le détail desquelles nous allons entrer maintenant.

CHAPITRE II

38. *Prix d'entrée.* — Une première condition exigée formellement par la loi pour que le droit des pauvres puisse être perçu sur l'entrée aux fêtes et spectacles est que cette entrée soit *payante*.

Il est évident qu'il ne pourrait être question de percevoir la taxe sur le prix d'entrée dans des spectacle où le public est admis sans rien payer du tout.

Dans le préambule de son ordonnance du 25 février 1699, on se rappelle que Louis XV représentait le nouveau droit comme une part à prélever sur les *profits* considérables qui revenaient des opéras de musique et des comédies.

La loi du 7 frimaire an V exige formellement *que les spectateurs payent* pour que la taxe soit perçue, et le décret du 9 décembre 1809 précise encore ce point dans son article 4 en exemptant de toute perception les représentations gratuites.

A vrai dire aucune difficulté ne s'est jamais élevée

au sujet des fêtes et des spectacles dans lesquelles aucune espèce de rétribution n'est exigée.

Mais il existe des spectacles dont l'entrée est gratuite, et auxquels il n'est cependant pas possible de dire que le public soit admis sans payer. Tels sont la plupart des cafés-concerts, dont l'entrée est libre, mais où le spectateur est obligé de prendre une consommation ; tels sont encore certains établissements où se trouvent réunis toutes sortes de jeux et dans lesquels le public ne paye qu'au moment où il se sert de l'un de ces jeux.

Sans aucun doute, le droit des pauvres doit être perçu toutes les fois que le spectacle n'est pas absolument gratuit et quel que soit le procédé plus ou moins ingénieusement déguisé au moyen duquel l'entrepreneur fait payer au spectateur le plaisir qu'il lui procure.

Dès l'an X, une circulaire du ministre de l'intérieur Chaptal affirmait énergiquement les droits de l'administration sous ce rapport (1) : « On a mis en question si le droit des pauvres devait être perçu dans les jardins et autres lieux publics où l'on entre sans payer, mais où se donnent des concerts et où se trouvent établis des danses, des jeux et autres divertissements pour lesquels des rétributions sont exigées, ou par la voie de cachets ou par abonne-

---

1. Circ. du 26 fructidor an X. De Watteville, *Législation charitable.*

ment. Tous les doutes doivent cesser en se pénétrant bien que le but de la loi est de mettre les plaisirs à contribution. Ainsi, quel que soit le mode de paiement des rétributions, je ne pense pas que le droit des pauvres puisse être contesté. La perception, à la vérité, peut être difficile à établir ; mais les autorités chargées d'accorder les permissions d'ouvrir les lieux pour y donner des divertissements publics peuvent aplanir les difficultés en exigeant des requérants le versement d'une somme fixe et déterminée dans la caisse des pauvres et des hospices. »

La jurisprudence du Conseil d'Etat a pleinement confirmé sur ce point les instructions du ministre. Au sujet des cafés-concerts dont le prix d'entrée est payé au moyen d'une élévation du prix des consommations, la question se complique de celle de savoir si la taxe doit être perçue sur le prix total de la consommation, ou seulement sur la partie de ce prix qui représente le droit d'entrée. Nous reviendrons plus tard sur cette dernière question, quand nous examinerons comment doit être calculée la recette ; elle est fort discutable. Mais on doit approuver sans réserve la jurisprudence du conseil d'État qui soumet d'une manière générale la recette de ces établissements au prélèvement du droit des pauvres (1).

1. Cons, d'Etat, 9 déc. 1852, aff. Manon ; *Recueil*, 1852, p. 587. — Cons. de préfecture de la Seine, aff. Coquineau et Fournier. D. P.

39. *Publicité*. — Mais il ne suffit pas que le spectacle soit payant, pour que le droit des pauvres puisse être exigé, il faut encore qu'il soit *public*.

Il résulte clairement de la lecture des textes, que le législateur n'a eu pour but de soumettre à la taxe que les spectacles où le public a le droit d'entrer en payant. Le décret du 9 décembre 1809 rend définitive la perception des droits sur le prix des billets d'entrée dans les spectacles et sur la recette brute des bals, concerts et *fêtes publiques*.

Mais à quel signe distinguerons-nous exactement une fête publique d'une fête privée, à laquelle on ne pourra être admis que grâce au paiement d'une cotisation? Devons-nous aller jusqu'à dire qu'un spectacle n'est pas public, alors même qu'il est payant, du moment qu'une personne quelconque n'acquiert pas le droit d'y être admise par cela même qu'elle offre de payer son entrée?

Il semble bien qu'une simple interprétation de la loi serait beaucoup trop étroite et sacrifierait les intérêts des pauvres sans que l'on pût invoquer en sa faveur le respect nécessairement dû à la liberté individuelle.

Tous les concerts, tous les bals pour lesquels le droit d'entrée est payant, mais ne résulte que de la

1882, 3, 94 : « Considérant, dit cet arrêté, que le décret du 6 décembre 1809 et les lois annuelles de finances ont autorisé chaque année la perception de ce droit qui est exigible, quel que soit le mode usité dans l'établissement pour percevoir le prix d'entrée. »

9

délivrance des billets faite par des commissaires ou des dames patronesses aux personnes de leur société, échapperaient ainsi a la perception du droit des pauvres, alors même que la distribution des billets se serait étendue à un nombre très considérable de personnes et aurait eu un véritable caractère public. On ne pourrait soutenir évidemment qu'une telle fête n'est pas publique, par cette seule raison que toute personne désireuse de s'y rendre n'est pas certaine d'obtenir une entrée.

Il faut donc que l'interprète de la loi supplée ici à son silence forcé, car nous nous trouvons en présence d'une pure question de fait. Pour la trancher, la jurisprudence devra s'inspirer de l'esprit de la loi et prendre également soin des intérêts des hospices et des bureaux de bienfaisance d'un côté, et d'autre part des intérêts de la liberté individuelle qui veulent que les citoyens puissent s'amuser entre eux à leur guise, sans être en butte à la surveillance et aux tracasseries de l'administration.

40. — *But dans lequel le spectacle est donné*. L'intention du législateur a donc été de frapper un impôt sur les plaisirs offerts au public, comme le disait M. Dupin dans son discours en 1851, car il ne suffit pas qu'il y ait un prix d'entrée et un public, il faut encore qu'il y ait un *plaisir offert* à ce public.

Telle était déjà la pensée du roi Louis XIV, et celle des auteurs de la loi du 7 frimaire an V était la même, comme le montre leur exposé des motifs. Les énumérations des lois de l'an V et de toutes les lois postérieures sont d'accord avec cette pensée : l'impôt frappe exclusivement les spectacles offerts au public dans le but de lui procurer un plaisir, un amusement.

41. — Mais ces différents caractères n'ont pas toujours paru suffisants et plusieurs auteurs ont pensé qu'il était nécessaire, pour qu'un spectacle fut soumis au droit des pauvres, qu'il fut donné *dans un but de spéculation* (1). Les fêtes ou spectacles donnés dans un but charitable ou dans un but d'utilité publique échapperaient ainsi à toute perception.

Cette opinion trouve son fondement dans l'article 2 du décret du 26 novembre 1808 lequel était ainsi conçu : « Les bals et concerts de réunion et de société où l'on n'entre que par abonnements ne seront exemptés de la perception qu'autant qu'il sera cons tant que l'abonnement n'est point public, qu'ils ne sont point la chose d'un entrepreneur et qu'il n'entre dans les réunions aucun objet de spéculation de la part des sociétaires et abonnés. »

Remarquons tout d'abord que cette disposition a un caractère exceptionnel et qu'on ne doit pas l'étendre. Elle ne s'applique qu'aux bals et concerts de

1. Lacan et Paulmier, n° 130.

réunion et de société où l'on n'entre que par abonnement, c'est-à-dire aux sociétés privées qui se forment entre personnes désireuses de s'amuser entre elles, sans admettre d'étrangers à leurs fêtes, et qui payent une cotisation destinée simplement à couvrir leurs frais. Il n'y a pas là un spectacle offert au public : c'est une sorte d'association particulière ou de cercle.

Ainsi toutes les fois qu'un certain nombre de personnes, ce nombre fût-il vraiment élevé, se réunissent suivant certaines conditions déterminées d'avance, et telles que ce nombre, tout en restant indéterminé, soit limité selon les règles établies par elles, leurs cotisations ou abonnements échappent à la perception du droit des pauvres, si elles ne sont versées que dans le but de subvenir à leurs frais.

En somme le décret de 1808 ne fait qu'appliquer à une espèce la règle que la perception du droit n'est possible que si la fête ou le spectacle est public. L'absence de toute intention de spéculation y est considérée comme la preuve que la société ne s'adresse pas au public en général et qu'elle garde un caractère privé malgré le nombre élevé de ses membres ; par le fait dans une telle société il n'y a pas à proprement parler de recette ni de prix d'entrée. Il y a des frais qui sont couverts par la cotisation de tous les membres : or de même que tout citoyen peut sans payer le droit des pauvres, convier ses amis à une fête, de même plusieurs personnes peuvent s'associer ensemble dans le même but. Dans le cas prévu par le décret de 1808 on ne rencontre donc au fond ni publicité, ni prix d'entrée, et c'est ce que le décret veut dire lorsqu'il exige que l'abonnement ne soit pas la chose d'un entrepreneur et qu'il n'y ait aucun objet de spéculation de la part des sociétaires.

42. — Ce texte ne permet donc pas de soustraire à la perception du droit des pauvres tous les spectacles qui ne sont point la chose d'un entrepreneur et qui ne sont pas donnés dans un but de spéculation. Si ces spectacles sont offerts au public, et si le prix d'entrée n'est pas simplement destiné à couvrir les frais, le droit est dû.

Mais nous ne croyons pas qu'il faille prendre au pied de la lettre le mot d'abonnement, et nous pensons que le décret devra s'appliquer aussi bien lorsque quelques personnes se cotisent pour donner une seule fête, que quand elles se réunissent pour en donner une série, car qui peut le plus peut le moins. Il est seulement indispensable que la recette ne soit destinée qu'à couvrir les frais ; c'est dans ce sens qu'il faut prendre les mots : « autant qu'il n'entre dans ces réunions aucun objet de spéculation. »

Il en résulte que les fêtes de charité elles-mêmes devront acquitter le droit des pauvres, droit qui d'ailleurs a été établi en faveur des pauvres en général, et non pas en faveur de tels ou tels pauvres. C'est ainsi que la jurisprudence interprète la loi, comme nous le verrons dans un instant, et il faut l'approuver. L'administration sera toujours libre de modérer ses exigences lorsque l'affectation charitable donnée à la recette lui paraîtra garder un caractère très général, ou très digne d'intérêt. Mais il faut qu'elle reste armée, autrement à force de spécialiser le but charitable de certaines réunions, on pourrait aller jusqu'à donner des fêtes au bénéfice d'une seule personne qui s'enrichirait tout d'un coup sans que les pauvres y eussent la moindre part, ou en faveur d'institutions qui pour n'être pas commerciales ou industrielles n'en ont pas moins avec la charité que des rapports très éloignés.

Le décret du 9 décembre 1809 a été déjà trop loin dans ce sens à notre avis, en exemptant de la perception du droit, l'augmentation du prix ordinaire des billets dans les représentations à bénéfice. Il a lui aussi, un caractère exceptionnel et ne doit pas être étendu ; cela est d'autant plus nécessaire que ces représentations deviennent plus fréquentes que jamais. Il est juste que la représentation qui met d'un seul coup un acteur à l'abri du besoin profite encore aux pauvres.

De même aujourd'hui beaucoup de fêtes dont le but est en apparence la charité, se donnent en réalité pour le plus grand plaisir de ceux qui y assistent et surtout de ceux qui les organisent ; parfois les recettes couvrent à peine les frais et les pauvres n'ont rien. Le seul moyen de donner véritablement à ces fêtes un caractère charitable c'est de percevoir exactement le droit des pauvres toutes les fois qu'elles sont publiques.

Cependant si le spectacle ou la fête étaient donnés en faveur des pauvres en général, pour la recette en être versée dans les caisses de l'administration de l'assistance publique, le droit des pauvres ne pourrait évidemment pas être exigé dans le cas où la recette nette n'atteindrait pas le montant du droit exigible. Une pareille fête serait vraiment donnée dans un intérêt général, le même que celui qui a fait établir le droit des pauvres et elle prendrait ainsi un caractère d'utilité publique qui devrait la faire échapper à toute perception.

Il n'est donc pas nécessaire pour que le droit des pauvres puisse être prélevé sur la recette d'un spectacle, que ce dernier soit donné dans un but de spéculation, ou si l'on aime mieux, il y a spéculation au sens de la loi, toutes les fois qu'il en résulte un profit quelconque pour qui que ce soit.

43. — Mais si le but en vue duquel un spectacle est donné nous est indifférent, si nous n'admettons pas qu'il soit nécessaire que ce but soit un but de spéculation, faudra-t-il donc prélever le droit des

pauvres sur la recette des spectacles donnés dans un
but d'utilité publique comme le sont quelquefois
les expositions et les courses ?

Il faut rappeler ici les conclusions auxquelles nous
sommes arrivé déjà par l'examen des textes. Nous
avons dit que la loi n'exigeait pas qu'il y eût un but
de spéculation, mais nous avions constaté auparavant que l'énumération des spectacles soumis à l'impôt montre bien que l'intervention du législateur a
été de frapper tous ceux qui sont offerts au public
dans le but de lui procurer un plaisir, un amusement.

Or certains spectacles organisés sous le patronage
du gouvernement, ne sont pas des spectacles offerts au
public dans le but de lui procurer un amusement. Certaines courses de chevaux, par exemple, et certaines
expositions sont établies dans un but d'utilité publique et dans l'intérêt général. Il se trouve que ce sont
des spectacles susceptibles d'attirer le public, et on
en profite pour exiger le paiement d'un droit d'entrée qui profite à l'œuvre d'utilité publique ; mais
du moment qu'ils sont établis dans un intérêt général, on doit admettre qu'il ne sont pas donnés dans
le but de procurer un amusement au public.

Sans doute les personnes qui se rendent aux courses de chevaux ou aux expositions universelles y
vont généralement pour leur agrément personnel
plutôt que pour l'amélioration de la race chevaline

ou pour la prospérité des industries nationales. Mais ces spectacles ne sont pas organisés exprès pour l'amusement des spectateurs, et comme ils revêtent avant tout les caractères d'une chose d'utilité publique ils doivent échapper à la perception du droit.

Il résulte en effet du texte et de l'esprit de la loi que les spectacles soumis au droit des pauvres sont ceux qui sont offerts au public pour son amusement, et non pas ceux qui sont organisés dans un intérêt général. Mais l'intérêt général est nécessaire, l'intérêt charitable ne suffit pas pour qu'ils échappent à la taxe.

45. — Ainsi, résumant les développements qui précèdent, nous disons : pour que le droit des pauvres puisse être prélevé sur la recette des fêtes et spectacles, *il suffit et il faut que les fêtes et spectacles soient offerts au public, c'est-à-dire à un certain nombre de personnes indéterminées, moyennant une rétribution quelconque, sans que le but de leur organisation revête un caractère d'utilité publique.*

Examinons maintenant pour leur faire l'application de ces principes, les différentes espèces qui se sont présentées ; ce sera l'occasion d'exposer la jurisprudence et d'en faire la critique.

45. — *Vue d'un spectacle naturel.* — Il est une question qui s'est présentée et sur laquelle nous n'avons encore rien dit ; c'est celle de savoir si la

vue d'un spectacle naturel lorsqu'elle est offerte au public moyennant une rétribution peut donner lieu à la perception du droit des pauvres.

La question s'est présentée au sujet de l'ascenseur installé dans une des tours du Trocadéro pendant l'exposition universelle de 1878. Le conseil de préfecture avait décidé le 26 mai 1880 que le droit des pauvres devait être prélevé sur le prix d'entrée à l'ascenseur. Le Conseil d'Etat rendit un arrêt d'annulation le 25 février 1884 (1).

« Considérant, dit cet arrêt, que conformément à un traité passé avec l'Etat, le sieur Edoux a établi en 1878 dans la tour Est du palais du Trocadéro un ascenseur qu'il a employé pendant la durée de l'exposition universelle, à transporter le public au sommet de la tour : que cet ascenseur figurait au nombre des produits exposés, et qu'il résulte de l'instruction qu'il ne peut, dans les conditions où il a fonctionné, *être considéré comme destiné à procurer au public un spectacle ou un divertissement dans le sens des lois ci-dessus visées.* »

La question du traité passé avec l'Etat est ici tout-à-fait secondaire et le Conseil d'Etat nous semble avoir interprété les lois visées par lui comme elles devaient l'être, en décidant que la vue du panorama de Paris du haut des tours du Trocadéro n'était pas

1. Recueil 1884, aff. Edoux, p. 79,

un spectacle offert au public dans le sens de la loi.

Outre que l'ascenseur pouvait être considéré comme un simple moyen de locomotion, il suffit de lire les énumérations des lois de l'an V et du décret de 1809 pour rester convaincu que leurs auteurs n'ont pas pensé un seul instant aux spectacles de la nature, dont la vue peut bien procurer un vif plaisir, mais ne constitue pas un amusement.

Peut-être devrait-on décider autrement si le public était élevé dans les airs au moyen d'un appareil qui constituerait par lui-même une curiosité, comme par exemple un ballon captif, et formerait à lui seul le principal attrait du voyage aérien. Toute la question serait alors de savoir quel genre de plaisir rechercherait avant tout le public, celui de l'ascension elle-même ou celui qu'il trouverait, arrivé au but.

46. *Fêtes de société et de charité.* — Quant aux fêtes de société la difficulté est en général de savoir dans quels cas on doit leur reconnaître le caractère de réunions privées. Nous avons vu que le décret du 26 novembre 1808 exige lorsqu'il s'agit de sociétés où l'on entre par abonnement, qu'elles ne soient pas la chose d'un entrepreneur et qu'il n'y ait aucun objet de spéculation de la part des sociétaires. Ces deux conditions auxquelles il faut ajouter celle-ci, que l'abonnement ne soit point public, sont donc naturellement exigées par la jurisprudence pour

que les réunions de société soient dispensées d'acquitter le droit des pauvres.

Le 24 juillet 1827, un jugement du tribunal de commerce de Montpellier, qui d'ailleurs n'était pas compétent pour le rendre, a décidé que des concerts organisés par des amateurs réunis en société et dont les frais étaient couverts par les souscriptions des sociétaires ne devaient point le droit des pauvres. Le fermier du droit se fondait, pour le réclamer, sur ce qu'un certain nombre de billets étaient distribués par les souscripteurs aux personnes de leur choix : mais ces billets étaient distribués gratis. Il qualifiait en outre d'entrepreneurs les agents préposés à l'organisation de l'orchestre.

Le tribunal lui a donné tort en se fondant sur des motifs à l'abri de la critique :

« Attendu qu'il résulte des faits et circonstances de la cause que les concerts qui ont lieu au jardin de Mme D... ne sont qu'une société ou réunion formée d'un nombre déterminé de personnes choisies parmi les plus recommandables de la ville, qui dans le but de se procurer un délassement, ont formé par actions ou souscriptions une masse de fonds capable de faire face aux dépenses de la société.

« Que cette société est régie et administrée par des commissaires du choix des souscripteurs qui en règlent l'ordre et la marche et dirigent l'emploi des fonds sans aucun but ni espoir de gain ou bénéfice quelconques.

« Attendu que nul n'est admis en payant dans le lieu de réunion de la société, que les membres ou souscripteurs seuls peuvent y entrer, eux ou les personnes de leurs choix qu'ils y invitent au moyen de billets portant leur nom et qu'ils ne donnent que sous leur responsabilité personnelle;

« De tout quoi il résulte que cette société sort évidemment de la catégorie des spectacles ou amusements publics que la loi a soumis à la perception d'un droit en faveur des pauvres. » (1)

Une contestation du même genre s'est élevée depuis entre le bureau de bienfaisance de St-Quentin et la société dite de Bellevue dont l'organisation était analogue à celle de Montpellier.

Le bureau de bienfaisance prétendait qu'il y avait bals publics dans le sens de la loi parce que l'on admettait aux réunions non-seulement des amis, mais toute personne qui n'était pas frappée de déconsidération et qui payait la cotisation. Les faits se présentaient donc sous une apparence moins favorable que dans l'espèce précédente.

Mais la société répondait que les conditions d'admission formulées dans un règlement approuvé par le préfet attestaient que ces réunions n'étaient pas

1. Trib. de comm. de Montpellier, *Gaz. des trib.* 30 août 1827.

publiques : ainsi, il fallait, pour être admis, être domicilié à Saint-Quentin, et y jouir d'une position honorable ; l'admission avait lieu au scrutin secret et aux deux tiers des voix ; les faillis étaient exclus et les étrangers ne pouvaient être introduits que sur la présentation des membres de la société et *gratuitement* :

Le ministre de l'intérieur, de son côté, faisait valoir devant le conseil d'Etat que la cause de la réunion n'était pas dans des liens de famille ou d'amitié, mais uniquement dans l'intention d'un plaisir, la réunion devait être considérée comme ayant un caractère public.

Le conseil : « Considérant que les bals de réunion de la société de Bellevue présentent les trois caractères qui aux termes de l'art. 2 du décret du 26 novembre 1808 donnent droit à être excepté de la perception... » Rejette la requête du bureau de bienfaisance (1).

47. — Le conseil d'Etat s'est montré plus sévère à l'occasion d'un concert de charité donné en 1882 à Saint-Servan. Le comité d'organisation, ne se prévalait pas du caractère charitable du concert, il prétendait seulement que le concert n'avait pas été public. Les billets avaient été distribués par les dames patronnesses dans les villes de Saint-Servan et de Saint-Malo.

1. Cons. d'Etat, 21 avril 1836. Recueil, 1836, p. 179.

« Considérant, dit le conseil d'Etat, qu'il n'est pas contesté qu'on n'était admis au concert que moyennant la somme de cinq francs ; que quatre cents personnes environ assistaient audit concert ; que si les cartes d'invitation étaient personnelles, et en admettant que le comité d'organisation ait dressé une liste des personnes auxquelles elles étaient destinées, les invitations ont été placées dans les deux villes de Saint-Servan et de Saint-Malo par des dames patronnesses auxquelles elles ont été *remises en banc* ; que dans ces conditions le bureau de bienfaisance est fondé à soutenir que le droit des pauvres devait être perçu sur la recette dudit concert » (1).

Il est difficile en effet de reconnaître le caractère de réunion privée à un concert ainsi organisé : il n'était pas prouvé que les noms des souscripteurs se trouvaient désignés sur une liste dressée d'avance, et l'eussent-ils été, cette liste ne pouvait être considérée que comme une indication donné aux dames patronnesses des personnes sur lesquelles on croyait pouvoir compter et qu'elles allaient solliciter ensuite. Le public était peut-être restreint, mais cependant, c'était bien un appel qu'on lui adressait.

48. — Deux ans auparavant, le Conseil d'Etat avait rendu un arrêt par lequel il refusait d'exempter du droit des pauvres un bal organisé dans un but philantropique.

1. Cons. d'Etat, 20 nov. 1885. Recueil 1885, p. 855.

Il s'agissait d'un bal donné par la Société des francs-maçons de la ville de Rouen, le 28 janvier 1882, au profit de la caisse maçonnique. Le conseil de préfecture de la Seine-Inférieure avait condamné par un arrêt du 10 août 1882, la caisse maçonnique à verser le droit des pauvres au bureau de bienfaisance.

Devant le Conseil d'Etat, la Société des francs-maçons invoquait le décret du 26 novembre 1808. Elle prétendait que le bal organisé par elle n'était pas public et avait été donné en dehors de toute idée de spéculation, puisqu'il avait un but exclusivement charitable.

Le bureau de bienfaisance répondait que les lois de l'an V ne distinguaient pas entre les spectacles et les bals entrepris par spéculation et ceux organisés pour une œuvre de bienfaisance. Il ajoutait que le décret du 26 novembre 1808 ne faisait exception que pour les bals réunissant ces trois conditions : d'être donnés par abonnement, de n'être pas publics et de n'être l'objet d'aucune spéculation ; or le bal en question ne réunissait pas les trois conditions. Enfin le bureau de bienfaisance faisait valoir cette considération que la taxe était perçue en faveur de tous les indigents de la commune et que dans la pratique administrative, le droit des pauvres était toujours réclamé aux sociétés de bienfaisance qui

organisaient des bals et concerts au profit de leur
œuvre en faisant appel au public.

Au sujet du décret de 1808, nous avons déjà dit
qu'il ne nous semblait pas nécessaire que le bal fût
de ceux auxquels on ne peut entrer que par abonnement, pour qu'il soit exempt du droit des
pauvres. Il en serait de même *à fortiori* s'il était
donné d'une manière accidentelle, pourvu qu'il réunit les autres conditions.

Le ministre de l'intérieur confirmait dans ses
observations la thèse du bureau de bienfaisance :
« Les lois, disait-il, ne font aucune distinction entre
les spectacles ou bals entrepris par spéculation, ou
ceux qui sont organisés dans un but philantropique.

« ..... S'il pouvait subsister quelque doute sur l'interprétation générale que comportent les lois pré-
citées, il suffirait de rappeler qu'il a fallu une disposition spéciale pour soustraire au droit des
pauvres les représentations gratuites et à bénéfice
qui ne sont d'ailleurs exemptes que sur l'augmentation du prix ordinaire du billet, ainsi que les bals
et concerts de réunion où l'on n'entre que par
abonnement.... Il est facile de comprendre au surplus qu'il ne saurait suffire à l'administration, de
l'affirmation, ni même de la certitude morale que
le produit des recettes est entièrement consacré à
secourir les malheureux.

10

Le représentant légal des pauvres n'aurait aucun moyen de vérifier, d'une part, si la recette a été réellement affectée à cette destination, de l'autre si les personnes secourues sont bien les indigents que le législateur a eus en vue. »

Ces dernières lignes donnent de la loi une justification qui nous semble sans réplique.

Le Conseil d'Etat se fondant sur le caractère public du bal rejeta la requête des francs-maçons.

Voici le principal considérant de son arrêt :

« Considérant que les textes ne font aucune distinction entre les représentations ou réunions qui sont organisées dans un but de spéculation et celles qui ont pour objet une œuvre de bienfaisance, que l'art. 4 du décret du 9 décembre 1809 assujettit à la taxe les représentations à bénéfice dans la limite du prix ordinaire des places ; que l'art. 2 du décret du 26 novembre 1808 n'excepte de la perception les bals de société où l'on entre par abonnement qu'autant qu'il est constant que l'abonnement n'est pas public » (1).

49. *Courses de chevaux, expositions.* — Nous sommes ici dans la catégorie des spectacles qui peuvent être donnés parfois dans un but d'utilité publique et qui doivent alors suivant les principes que nous avons cherché à établir, être exempts de la perception du droit des pauvres.

1. Cons. d'Etat, 27 juillet 1883. Recueil, 1883, p. 699.

Nous allons voir que la jurisprudence a adopté cette interprétation. L'arrêt le plus récent du Conseil d'État sur la matière, est en même temps le plus important. Il concerne les courses de chevaux. Nous l'examinerons d'abord, car, éclairé par le rapport de M. David, commissaire du gouvernement, il domine toute la question et prend une portée bien plus générale que son objet.

Le bureau de bienfaisance de St-Etienne-du-Rouvray avait voulu prélever le droit des pauvres sur la recette de la société des Courses Rouennaises, fondée sous le patronage du gouvernement pour l'amélioration de la race chevaline. Il prétendait que ces courses rentraient dans la catégorie des divertissements auxquels le public est admis en payant. La société répondait qu'elle avait été fondée dans un but d'intérêt général et échappait par ce motif à la perception de la taxe. Le conseil de préfecture ayant admis ce dernier système, le bureau de bienfaisance se pourvut devant le Conseil d'Etat.

Analysons d'abord le très remarquable rapport du commissaire du gouvernement : il conclut au maintien de l'arrêté du conseil de préfecture et commence par en donner une raison particulière aux courses de chevaux qui ne nous paraît pas absolument satisfaisante :

« Il n'est pas douteux que les courses et exercices de chevaux dont parlent les lois de l'an V ne peuvent s'entendre des courses de la nature de celles qui nous occupent et dont le but est l'amélioration de la race chevaline, et cela par un motif bien simple : c'est qu'elles n'existaient pas encore en France à l'époque où les lois de l'an V ont été promulguées. »

Ce motif ne nous semble pas si simple ; et d'abord les courses ont été introduites en France antérieurement au décret de 1809 qui rend définitive la perception du droit des pauvres. Les articles 16, 26 et 27 du décret du 4 juillet 1806 en font mention et chargent le ministre de l'intérieur de leur donner une organisation régulière. De plus il arrive souvent qu'une loi rédigée dans des termes très généraux ou qui contient une énumération non limitative, s'applique à des objets ou à des faits qui n'existaient pas encore lors de sa promulgation. Il en est ainsi même des lois pénales, malgré leur caractère restrictif. Les anciennes ordonnance sur le port des armes prohibées s'appliquent au port du revolver, arme qui cependant n'était pas inventée sous l'ancienne monarchie.

Le passage suivant est peut-être plus exact :

« Les courses dont nous avons à nous occuper ont incontestablement le caractère d'une œuvre d'intérêt public, d'une œuvre administrative. Il en est tout autrement de l'espèce de courses qu'ont en vue les lois de l'an V. Pour avoir le sens vrai du mot courses dans ces lois, il ne faut pas le séparer du mot exercices, qui le suit et l'explique. Ces mots ainsi réunis, doivent avoir dans la pensée de la loi, un sens qui leur soit commun, et le seul qui puisse s'appliquer également à tous les deux est celui de ces jeux et autres divertissements équestres qui étaient en grande faveur en l'an V. »

Voici maintenant la partie du rapport où la question est envisagée à son point de vue le plus général ; on ne peut que l'approuver sans réserve, et elle nous paraît si bien déduite que nous n'hésitons pas à la transcrire ici presque en entier :

« Mais s'il en est ainsi des termes spéciaux que contient l'énumération, en est-il autrement dans l'expression générale qui la termine ?..... Nous avons déjà fait remarquer que ces expressions, si générales qu'elles fussent, ne pouvaient être entendues que dans un sens restreint au genre de fêtes indiquées dans l'énumération qui les précède. C'est là une règle d'interprétation qui n'a jamais été méconnue dans la pratique..... Toutes ces fêtes ont le caractère commun d'être des divertissements, et ce but commun, sinon unique, *d'attirer le public et son argent par les plaisirs d'un ordre plus ou moins élevé qu'elles lui offrent en échange* ; alors même qu'elles sont organisées par l'Etat ou par des particuliers en dehors de toute spéculation intéressée, et même dans une pensée de bienfaisance, elles n'en conservent pas moins le caractère de divertissements ayant pour objectif le public, de telle sorte que sans le public elles n'ont ni but, ni raison d'être. Toute fête, tout lieu de réunion qui aura ce caractère et ce but, alors même que son origine serait postérieure à la loi de thermidor an V ne se trouverait pas moins compris dans l'énonciation générale qui termine son énumération, et devrait dès lors le droit des pauvres.......

« Mais les courses de chevaux instituées et réglées par le gouvernement ont-elles ce but caractéristique d'un plaisir offert au public? Si tel en peut être le résultat, nous n'hésitons pas à déclarer que toute autre a été la pensée qui a présidé à cette institution. Il s'agissait, non pas d'un divertissement à offrir au public, mais d'un concours sérieux à présenter aux éleveurs comme moyen d'encouragement pour l'amélioration de la race chevaline. Sans doute le public n'est pas de trop à ces courses ; il en est peut-être le stimulant le plus actif... Mais enfin l'institution n'en conserve pas moins son caractère propre qui est celui, non d'un spectacle offert au public, mais d'un concours offert aux éleveurs. *et son but, qui est, non pas d'attirer le public, mais d'encourager l'amélioration de la race chevaline, c'est-à-dire d'une œuvre d'intérêt général. Il en est de même de tous les concours publics ouverts par l'administration dans les diverses branches des beaux-arts, de l'industrie et de l'agriculture et qui se traduisent par des exposi-*

tions où le public est admis en payant. Ce sont là des fêtes d'un genre tout différent par leur caractère et leur but, de celles que les lois de l'an V ont entendu assujettir au droit des pauvres. »

Le Conseil d'Etat s'est approprié la thèse de son rapporteur et a rendu à son tour un arrêt d'une portée très générale (1) :

« Considérant que la société des Courses rouennaises, approuvée par arrêté du préfet du département de la Seine-Inférieure, en date du 8 avril 1865, a été fondée « dans le but d'encourager l'élève et l'amélioration du cheval de service et de guerre dans la Seine-Inférieure au moyen de courses de chevaux. »

« Considérant que le gouvernement intervient dans le règlement de ces courses et dans la désignation des commissaires ;

« Qu'ainsi les courses de la société rouennaise sont organisées par cette société dans le but de poursuivre avec le gouvernement auquel elle prête son concours, l'œuvre d'intérêt général et national de l'amélioration de la race chevaline ;

« Que d'ailleurs toutes les recettes de la société sont intégralement affectées, aux termes mêmes des statuts, à l'œuvre d'intérêt public, et que dans ces circonstances, les sommes payées par les personnes

1. Cons. d'Etat, 13 juin 1873. Recueil, 1873, p. 543.

admises dans l'enceinte des courses, et qui contribuent ainsi à l'œuvre poursuivie, *ne peuvent être considérées comme le prix d'une fête ou d'un spectacle offert au public par ladite société* ;

« Que de ce qui précède, il résulte que les courses de la société rouennaise ne rentrent pas dans la catégorie des spectacles ou fêtes pour lesquels les lois des 7 frim. et 8 therm. an V et les lois de finances autorisent la perception du droit des pauvres. »

Ainsi les courses de chevaux organisées sous le patronage du gouvernement ne doivent pas supporter le droit des pauvres ; mais celles qui sont organisées par des sociétés n'ayant pas reçu la consécration officielle ne peuvent se prévaloir de cet arrêt du Conseil d'Etat : il ne suffit pas qu'elles se targuent de fonctionner dans un but d'intérêt général, il faut que le caractère d'utilité publique résulte pour elles d'une mesure officielle prise par le gouvernement.

50. — Il en est de même pour les expositions, et pour tous les spectacles du même genre.

Le Conseil d'Etat l'avait déjà décidé quant aux expositions universelles. Le conseil de préfecture de la Seine par arrêté du 14 janvier 1856 avait admis le prélèvement du droit des pauvres sur la recette de l'exposition universelle de 1855, en se fondant sur ce que l'énumération des lois de l'an V devait recevoir la plus grande extension, sur ce que l'exposition était un lieu où le public était admis en payant, et ne constituait même pour l'immense majorité du public qui l'a fréquentée qu'un grand spectacle offert à sa curiosité.

Le conseil partait de là pour distinguer l'œuvre du gouvernement et l'œuvre de la compagnie concessionnaire, et déclarait que le produit des droits d'entrée formait l'une des chances aléatoires de l'entreprise et que cette entreprise avait dès lors, même pour l'exposition universelle, tous les caractères de la spéculation.

Ces raisons ont été réfutées depuis par M. David dans le rapport que nous venons de citer ; mais dès cette époque le Conseil d'Etat avait refusé de les admettre (1).

« Considérant que l'exposition de l'industrie et des beaux-arts qui a eu lieu en 1855 dans le palais de l'industrie a été ordonnée par nos décrets des 8 mars et 22 juin 1853 ; qu'elle a été organisée, dirigée, surveillée par une commission spéciale nommée par nous *comme étant une œuvre exclusivement nationale et d'une utilité publique générale ;* qu'elle ne peut sous aucun rapport être assimilée aux spectacles, fêtes ou autres réunions en vue desquelles les lois de l'an V et celle du 22 juin 1854 ont autorisé la perception du droit des pauvres. »

Le conseil ajoutait que le prix d'entrée à l'expo-

1. Cons. d'Etat, 7 mai 1857. Recueil,, 1857, p. 356.

sition ne pouvait être considéré comme le prix d'entrée à une fête ou a un spectacle public. Ce dernier motif nous semble moins exact. À notre avis une exposition doit être considérée comme un spectacle public rentrant dans le champ d'application des lois sur le droit des pauvres ; seulement, son caractère d'utilité publique quand elle la revêt doit la faire échapper à la perception. Mais le droit pourrait être exigé, non seulement de tous les spectacles affectés au public dans l'intérieur d'une telle exposition, mais encore de toutes les expositions particulières.

51. — A ce propos, une controverse s'est élevée récemment entre l'administration de l'assistance publique et la société des artistes au sujet de l'exposition annuelle, dite *Salon de peinture*. Jusqu'en 1883, le Salon était organisé par le gouvernement lui-même dans un but d'intérêt général, l'encouragement des arts. Il ne pouvait donc être question de prélever le droit des pauvres sur la recette. Aujourd'hui le Salon n'est plus organisé directement par l'Etat, il est organisé par la Société des artistes, société reconnue d'utilité publique, dont les statuts ont été approuvés par le Conseil d'Etat et dont le but est, dit l'article 1er des statuts : « de représenter et défendre les intérêts généraux des artistes français, notamment par l'organisation des expositions annuelle des Beaux-Arts ».

La difficulté n'a pas encore été tranchée à l'heure

actuelle par les tribunaux, mais il nous semble que sa solution est contenue dans l'arrêt du Conseil d'Etat du 13 juin 1873. La question est identique par les circonstances qui accompagnent les deux affaires : les courses de Rouen non plus, n'étaient pas organisées directement par le gouvernement ; elles étaient organisées par la Société rouennaise, reconnue d'utilité publique, et dont le but aussi était l'intérêt général. Entre les deux questions, l'assimilation doit être complète et par conséquent leur solution identique.

Le droit des pauvres ne doit donc pas être prélevé sur les recettes du Salon de peinture, mais il doit l'être sur le produit de toute autre exposition qui n'aurait pas un but d'intérêt général régulièrement reconnu, alors même qu'elle serait encouragée par l'administration, comme par exemple si l'Etat avait mis un local à la disposition de ses organisateurs.

52. — *Cérémonies légales.* — Après ce que nous venons de dire, il est évident qu'on ne saurait soumettre les cérémonies légales à la perception du droit des pauvres, lorsqu'une rétribution quelconque y est exigée du public.

Ces cérémonies ordonnées ou reconnues par la loi elle-même ne sont pas des amusements, des spectacles offerts au public, alors même qu'elles constitueraient en fait un amusement pour ce dernier.

Leur caractère officiel et légal les soustrait certaine-
ment à l'impôt.

Il en est ainsi notamment des cérémonies du
culte qu'on ne saurait assimiler sans inconvenance
aux spectacles visés par les lois de l'an V.

Le Conseil de préfecture de la Seine avait cru
pouvoir le faire au sujet d'une messe en musique
qui avait été dite à St-Roch et à l'occasion de laquelle le prix des chaises avait été augmenté. Mais
le Conseil d'Etat annula cet arrêté le 25 novembre
1806.

« Considérant que, sous aucun prétexte, les cérémonies de la religion ne sauraient être assimilées
aux spectacles, bals et fêtes publiques désignés
dans les lois des 7 frimaire et 8 thermidor an V ;

« Considérant qu'il s'agit de la célébration en
musique d'une messe pendant laquelle l'église St-
Roch n'a pas cessé d'être ouverte gratuitement au
public, quoique le prix de certaines places ait été
très augmenté. »

La décision du Conseil d'Etat aurait dû, selon
nous, être semblable, même si l'église avait cessé
d'être ouverte gratuitement au public ; une cérémonie du culte ne peut jamais être considérée comme
un spectacle.

Que si, par impossible, une audition, un concert
étaient donnés dans une église sans accompagner
aucune cérémonie, et que le public n'y fut admis

qu'en payant, alors, malgré le lieu, il faudrait peut-être ne voir là qu'un concert et non une cérémonie, mais on ne saurait aller plus loin dans cette voie.

CHAPITRE III

53. — Nous avons montré que la taxe de droit commun, celle qui doit être perçue sur tous les spectacles publics, a moins qu'il n'en ait été ordonné autrement, est celle du quart de la recette brute.

Mais la loi a posé des exceptions à cette règle, et des difficultés se sont élevées au sujet de leur étendue. Des contestations de ce genre sont rares à Paris où l'administration est plutôt disposée à étendre les exceptions qu'à les restreindre, puisque même elle considère à tort la taxe du dixième en sus du prix d'entrée comme celle qui doit être perçue sur tous les spectacles quotidiens qui ne sont pas expressément compris dans l'énumération de ceux que la loi de thermidor an V soumet au prélèvement du quart.

Mais cette pratique n'a pas toujours été suivie en province et la jurisprudence a eu à se prononcer sur la question dans plusieurs circonstances.

Quels sont donc exactement les spectacles que l'on doit ranger dans la catégorie de ceux qui échappent à la perception du quart.

54. — *Taxe du dixième en sus du prix d'entrée.* Cette taxe est celle qui est perçue sur l'entrée des spectacles où se donnent des pièces de théâtre et sur celle des concerts quotidiens.

Quant aux concerts quotidiens aucune difficulté ne s'est élevée sur l'interprétation de la loi qui ne s'applique en aucune façon aux cafés-concerts.

Quant aux spectacles où se donnent des pièces de théâtre la définition est assez claire par elle-même et il semble difficile de la préciser davantage.

Peut-être cependant le caractère de certaines représentations pourra-t-il soulever quelques doutes et devra-t-on se demander parfois s'il faut leur reconnaître celui de représentations théâtrales ou celui de représentations de café-concert ; ce sera une question de fait sur laquelle il est impossible de donner d'avance des solutions rigoureusement arrêtées.

Mais, sans aucun doute, il ne suffit pas qu'une fête soit donnée dans un théâtre pour qu'elle ne puisse être soumise qu'à la perception du dixième en sus du prix d'entrée. C'est le caractère de la fête, non l'affectation habituelle du local où elle est donnée, qui doit déterminer la quotité de la taxe à percevoir. Ainsi il est certain qu'un bal public donné dans un théâtre, ne saurait être considéré comme un spectacle soumis seulement à la perception du onzième de la recette, par cela seul que c'est un théâtre qui lui sert de cadre (1),

55. — Une contestation plus sérieuse s'est élevée au sujet des cirques. A une certaine époque à Paris on donnait au cirque Franconi des pantomimes et des scènes équestres.

La décision ministérielle du 9 mai 1809 assimila ces sortes de spectacles aux représentations théâtrales pour la quotité du droit à percevoir. Nous avons déjà fait nos réserves au sujet de cette décision ministérielle, et nous croyons qu'elle est en désaccord avec la loi.

Néanmoins on peut admettre qu'elle ait été bien rendue relativement aux représentations du cirque Franconi ; à cette époque en effet la liberté des théâtres n'existait pas et du moment qu'on accordait à un établissement le droit de donner des représentations, qu'on le rangeait administrativement dans la catégorie des théâtres, il était naturel de n'exiger de lui que l'impôt dû par les théâtres.

Mais la décision ministérielle du 9 mai 1809 n'a pas fait davantage ; elle n'a pas pu affranchir du prélèvement du quart les cirques olympiques dans lesquels on ne donne que des exercices équestres ou autres, puisqu'ils y sont formellement soumis par la loi du 8 thermidor an V.

1. Cf. Cons. d'Etat, 24 février 1817, Dalloz, Rep. Alph. V° *Théâtre-Spectacle*, n° 125 en note.

Une première fois, le 24 mars 1820 (1), le Conseil d'Etat avait décidé que le cirque Franconi devait être classé au nombre des théâtres. Sa décision ne nous apprend pas si le spectacle avait constitué une représentation théâtrale. Elle ne peut être approuvée que dans le cas où il en aurait été ainsi. Il est probable d'ailleurs que tel avait été le caractère de la représentation, car quelques années plus tard le Conseil d'Etat décida que le même cirque Franconi devait être soumis au prélèvement du quart, par cette raison qu'il n'était autorisé à donner à Lyon, où avait eu lieu la représentation litigieuse, que le spectacle d'exercices équestres, ce qui le rangeait parmi les spectacles de curiosité (2).

Depuis, le Conseil a eu l'occasion de confirmer cette dernière jurisprudence et de poser nettement le principe que les spectacles où se donnent des pièces de théâtre échappent seuls à la perception du quart.

Le conseil de préfecture de la Gironde en avait décidé autrement, au sujet d'un cirque établi à Bordeaux. Il se fondait sur ce que la loi du 8 thermidor an V et les lois suivantes n'étaient que temporaires, tandis que le décret du 9 décembre 1809 n'énumérait plus parmi les établissements dont les

1. Dalloz, Répert. Alph. V° *Théâtre-Spectacle*, n° 123 én note.
2. Cons. d'Etat, 25 avril 1828, Dalloz, *op. cit.*, V° *Théâtre-Spectacle*, n° 107, note 3.

11

recettes sont assujetties au prélèvement du quart,
les courses et exercices de chevaux ; il ajoutait que
ce changement était intentionnel et indiquait une
modification dans la législation relative aux cirques.
On reconnaît ici l'influence de la décision ministérielle du 9 mai 1809.

Le Conseil d'Etat refusa avec raison d'admettre
une pareille interprétation, qui donnerait d'ailleurs
au décret de décembre 1809 une portée bien différente de celle qu'il a réellement :

« Considérant, dit-il, que la loi du 8 thermidor
an V, en maintenant le droit d'un décime par franc
sur les spectacles où se donnent des pièces de théâtre, *a porté ce droit au quart de la recette brute sur les
autres lieux de divertissement ;*

« Considérant qu'aucune pièce de théâtre n'était
représentée dans le cirque établi à Bordeaux par les
sieur et dame Kénebel et le sieur Loisset ; qu'ainsi
c'est avec raison qu'ils avaient été soumis au paiement du quart de leurs recettes » (1).

56. — Mais il est des établissements qu'un texte
législatif formel, l'arrêté du 10 thermidor an XI, a
assimilés aux représentations théâtrales pour la
quotité du droit, ce sont les panoramas et les théâtres pittoresques ou mécaniques, c'est-à-dire le théâtre de marionnettes.

1. Cons. d'Etat, 16 juin 1841. Recueil, 1841, p. 254.

Peu importe que le décret du 8 juin 1806 concernant les théâtres, ait, dans son article 15, déclaré que les spectacles de curiosité seraient soumis à des règlements particuliers et ne porteraient plus le titre de théâtre. Le nom ne fait rien à la chose, et ce dernier décret n'a pas abrogé l'arrêté de thermidor an XI (1).

58. — *Droit de 5 pour cent de la recette brute.* — La loi du 3 août 1875, dans son article 3, a décidé que les concerts non quotidiens donnés par les artistes ou les associations d'artistes ne seraient plus soumis qu'au droit de 5 pour 100 de leur recette brute.

Que faut-il entendre exactement par ces mots : concerts donnés par des artistes ou des associations d'artistes?

Tous les concerts sont donnés par des artistes en ce sens que l'orchestre est toujours composé d'artistes. Cependant, la loi du 3 août 1875 ne concerne évidemment pas tous les concerts non quotidiens. Elle ne laisse pas de côté seulement les cafés-concerts, concerts-promenades, ou concerts-bals comme l'a dit M. Tirard à l'Assemblée nationale (2). Il résulte encore de son discours qu'on n'a entendu favoriser qu'une certaine catégorie de concerts, car la

1. Cf. Cons. d'Etat, 16 février 1832. Hosp. de Bordeaux, c. Maffey. Recueil, 1832, p. 51.
2. Séance du 3 août 1875, off. du 4 août, p. 6345

loi a été faite plus particulièrement pour les concerts du Conservatoire et les concerts populaires de Pasdeloup et du Châtelet.

Il s'agit donc de concerts régulièrement organisés par des artistes réunis sous une même direction.

Faut-il que ces concerts soient donnés par les artistes à leur profit, comme le disait M. le ministre de l'intérieur dans ses observations sur l'affaire du bureau de bienfaisance de Saint-Servan en 1885? Cela est plus douteux, mais ce qui ressort bien des travaux préparatoires de la loi, c'est que l'on a entendu encourager exclusivement des manifestations artistiques organisées par des artistes.

Un concert de charité devrait donc être taxé encore aujourd'hui au quart de la recette brute ; cela peut sembler bien rigoureux. Il est, en effet, bizarre que ce soit précisément l'absence de toute idée de spéculation qui entraîne ici un traitement moins favorable.

On peut donc regretter que le législateur n'ait envisagé qu'un côté aussi particulier de la question, ou qu'il ne se soit pas exprimé plus clairement. Mais nous ne croyons pas pouvoir critiquer la décision rendue par le Conseil d'Etat dans l'affaire du bureau de bienfaisance de Saint-Servan. Contrairement à l'opinion de M. Marguerie, commissaire du gouvernement, qui concluait à l'application du droit de 5 pour 100, et conformément à l'avis du ministre de l'intérieur, le Conseil d'Etat a décidé que le quart de la recette était dû (1).

1. Cons. d'Etat, 20 nov. 1885, Recueil, 1885, p. 855.

CHAPITRE IV

DE QUELS ÉLÉMENTS SE COMPOSE LA RECETTE SUR LAQUELLE EST PRÉLEVÉ LE DROIT DES PAUVRES.

58. — Il s'agit maintenant d'examiner les difficultés qui peuvent se présenter, au sujet de la détermination des éléments dont se compose la recette sur laquelle se fait le prélèvement du droit des pauvres.

Nous savons déjà que le droit des pauvres est un impôt perçu sur le spectateur; c'est une redevance qui est exigée de lui en sus du prix qu'il paye pour son entrée. En d'autres termes, le droit des pauvres est prélevé sur la recette brute, et cette recette brute est constituée par l'ensemble des rétributions exigées du public. C'est ce qui résulte des lois de l'an V et du décret de 1809. Tous ces textes visent la recette brute, ou le prix du billet d'entrée, c'est-à-dire le prix réellement payé par le spectateur.

Bref, le droit des pauvres est proportionnel aux prestations *effectivement fournies* par le public, qu'elles soient exigées de lui directement ou indirectement, qu'elles consistent en une somme d'argent ou en un avantage équivalent, pourvu qu'elles soient le prix dont il paye l'amusement qui lui est procuré.

Cette formule est celle qui doit servir à trancher toutes les difficultés qui peuvent se présenter, et nous allons la vérifier au fur et à mesure que nous examinerons les décisions de la jurisprudence.

Il en résulte qu'il faut tenir compte, non pas du prix ordinaire des places, mais bien du prix réellement encaissé, lequel peut être plus fort ou plus faible que le prix ordinaire.

59. — Si donc le prix ordinaire des places est augmenté pour une raison quelconque, cette augmentation aura pour résultat d'augmenter la part des pauvres. Le directeur du théâtre de Bordeaux l'a contesté en vain en 1814; le Conseil d'Etat lui a donné tort: « Considérant qu'il résulte également de l'esprit des lois et décrets relatifs à cette perception, que le décime par franc en sus des billets d'entrée et d'abonnement dans tous les spectacles où se donnent des pièces de théâtre doit être perçu pour les loges louées soit au jour, soit au mois, soit à l'année, non sur le prix ordinaire des places, mais sur le prix réel de la location de chaque place, le droit des indigents devant être proportionné au prix payé par les personnes admises au spectacle » (1).

1. Cons. d'Etat, 24 février 1817. Requet, *op. cit.* n° 703, p. 256 note 2.

Une seule exception a été admise par la loi à cette règle ; elle résulte de l'article 4 du décret du 9 décembre 1809 et concerne l'augmentation du prix des billets des représentations à bénéfice. Cette exception ne saurait être étendue.

Il résulte par *a contrario* de l'arrêt que nous venons de citer que si le prix des billets payé par le spectateur était inférieur au prix ordinaire des places, le droit des pauvres ne pourrait être perçu que sur le prix réellement encaissé. C'est ainsi que certains directeurs de théâtre à Paris font distribuer depuis quelques années des billets qui donnent droit à une entrée à prix réduit ; la différence entre le prix réduit et le prix ordinaire ne fait pas partie de la recette brute. Il suffira donc que les directeurs justifient ne pas l'avoir encaissé pour que l'administration de l'assistance publique ne puisse rien leur réclamer à ce sujet.

Les entrepreneurs de spectacles publics sont absolument maîtres de leurs tarifs ; le prix qu'ils affichent ne les lient pas, au point de vue qui nous occupe, et ne constituent nullement un droit acquis pour l'administration à régler sur eux la perception.

C'est en effet le *prix* des billets et non leur *valeur* que la loi atteint par l'impôt.

60. — Si donc il plaît à des directeurs de théâtre de distribuer des *billets gratis*, l'administration n'a

rien à réclamer de ce chef, pourvu qu'il soit bien constaté que les billets sont absolument gratuits.

C'est là une conséquence rigoureuse des principes généraux établis par la loi. L'article 4 du décret du 9 décembre 1809 exempte même formellement de l'impôt les représentations gratuites, et un avis du Conseil d'Etat du 4 fructidor an XIII a repoussé une proposition du ministre de l'intérieur, qui tendait précisément à assujettir les billets au paiement des droits, afin d'empêcher la fraude et les abus que couvrait leur distribution.

Il est donc impossible de comprendre comment le Conseil d'Etat a pu juger le contraire en se fondant sur ce que la taxe était assise non sur le produit des recettes, mais sur le prix de chaque billet (1) Il est clair que pour qu'il y ait un prix il faut bien que le billet ait été payé.

C'est d'ailleurs ce que le conseil a dû reconnaître dès le 5 août 1831 en revenant sur son ordonnance du 8 janvier précédent ; mais il refusait en même temps, et avec raison, d'assimiler à des billets gratuits, des billets dont on avait voulu dissimuler le prix par des manœuvres frauduleuses :

« Considérant que la taxe au profit des pauvres n'est qu'une contribution assise et perçue en vertu de la loi annuelle des finances, en sus du prix des

1. Cons. d'Etat, 26 déc. 1830 et 8 janv. 1831. Recueil, 1830, p. 582, 1831, p. 11.

billets d'entrée dans les spectacles ; qu'ainsi elle doit atteindre *tous les billets d'entrée non gratuits*, nonobstant les combinaisons qui tendraient à dissimuler les prix, soit par la vente des billets ailleurs qu'au bureau, soit en les faisant servir au paiement des frais ; mais qu'elle ne peut s'étendre aux billets d'entrée qui ne donnent lieu au paiement d'aucun prix, soit au bureau soit ailleurs. » (1)

La délivrance de billets gratuits fait donc disparaître l'assiette de la taxe, mais l'administration conserve le droit de la percevoir s'il y a eu fraude, la recette devra alors être évaluée d'après la valeur des billets frauduleusement délivrés, s'il n'y a pas d'autre moyen d'apprécier le prix réel qu'ils ont été payés ; et il en sera de même toutes les fois qu'une comptabilité mal tenue ne permettra pas aux entrepreneurs de justifier de la gratuité ou de la diminution du prix de certaines entrées. (2)

61. — Ainsi toutes les fois que la gratuité ne sera qu'apparente les droits seront dus. Il suffira que les entrées aient été acquises à titre onéreux pour qu'elles doivent être calculées dans la recette qui comprend les avantages les plus indirectes faits aux directeurs par les spectateurs. C'est ce qui a été décidé dans plus d'un cas où du reste on ne ren-

1. Cons. d'Etat, 5 août 1831. Recueil, 1831, p. 298.
2. Cf. Lacan et Paulmier, n° 141.

contrait aucune manœuvre tendant à une dissimulation des sommes encaissées.

62. — Par exemple les directeurs de théâtre délivrent aux auteurs des pièces qu'ils représentent ; des billets dits *billets d'auteur* ; si ces billets étaient absolument gratuits, ils ne devraient pas être comptés dans le calcul de la recette. Mais presque toujours il est tenu compte de leur valeur qui est déduite des droits d'auteur. Ces billets cessent alors d'être gratuits et leur valeur fait partie de la recette.

Un arrêté du 5 novembre 1820 avait chargé déjà les contrôleurs du droit des pauvres de relever sur les registres des divers théâtres le montant des sommes précomptées aux auteurs pour valeur des billets d'entrée et les autorisait a percevoir la taxe sur le montant de la somme. (1)

Depuis, un arrêté du conseil de préfecture de la Seine en date du 25 février 1864 est venu fixer définitivement ce point. Cet arrêté est très longuement et très bien motivée. En voici les principaux passages :

« Considérant qu'il résulte de l'instruction et des débats, que les billets dont il s'agit forment pour les auteurs le complément de la rétribution de leurs œuvres;

1. Dalloz, Rep. Alph. Vo *Théâtre-Spectacle*, no 134. — Lacan et Paulmier, no 138.

« Qu'il est même passé en jurisprudence que les billets d'auteurs, bien qu'achetés par les porteurs doivent être admis au contrôle au même titre que les billets pris au bureau du théâtre.

« Considérant enfin, ce qui enlève complètement le caractère de gratuité que les demandeurs prétendent attribuer à ces billets, qu'ils portent la mention : *jure emptum,* différents en cela des billets purement gratuits sur lesquels on lit : « Ce billet sera déclaré nul s'il est acheté. »

« Considérant que c'est donc à bon droit que l'administration de l'assistance publique réclame la taxe en faveur des pauvres sur les prix de ces billets, en prenant pour base le tarif de chacun des théâtres auxquels ils se rattachent. »

63. — Que décider au sujet de stalles ou de loges dont les propriétaires d'une salle de spectacle se sont réservés la jouissance dans le bail qu'ils ont passé avec l'entrepreneur?

La question s'est présentée en 1852 au sujet du Théâtre-Italien, et le conseil de préfecture avait décidé par arrêté du 17 janvier que ces stalles et loges réservées par le bail aux propriétaires de la salle Ventadour devaient être considérées comme leur étant acquises à titre gratuit.

L'administration de l'assistance publique se pourvut contre cet arrêté; elle faisait remarquer avec raison à l'appui de son pourvoi que le bail d'une

salle de spectacle était, comme celui de tout autre
immeuble, un contrat à titre onéreux, et que les
stipulations qu'il renfermait participaient du caractère même de cet acte. La jouissance des places
était donc un avantage acquis a titre onéreux.

Le conseil d'État admit ces raisons dans le considérant suivant :

« Considérant qu'il résulte de l'instruction que
les stalles et les loges dont les propriétaires de la
salle Ventadour se sont réservé la jouissance pour
toutes les représentations avec faculté d'en disposer
comme ils l'entendraient, ne peuvent être considérées comme leur ayant été concédées à titre gratuit ;
qu'elles représentent une partie du prix du loyer ;
que dans ces circonstances, elles sont passibles de
la taxe (1). »

Le conseil d'État a eu l'occasion de maintenir cette
jurisprudence en 1879, mais au sujet d'une espèce
un peu plus délicate.

Il s'agissait du théâtre du Vaudeville. Lorsque la
ville était propriétaire de l'immeuble, elle avait in-
séré dans le bail qu'elle avait passé avec MM. Roger
et Deslandes, une clause par laquelle une loge déterminée devait être mise à la disposition du préfet
de la Seine pour toutes les représentations; mais
cette loge ne pouvait être cédée. Or dans l'arrêt

1. Cons. d'Etat, 8 juin 1854. Recueil, 1854, p. 553.

précédemment cité, le conseil d'État se fondait dans
ses motifs sur ce que les propriétaires pouvaient
disposer de leurs places.

Il faut ajouter que jusqu'en 1875 l'administration
de l'assistance publique n'avait jamais demandé le
prélèvement du droit des pauvres sur la valeur de
cette loge. A cette époque, la ville vendit l'immeuble à M. Lebaudy qui se trouva jouir de la loge à la
place du préfet, et en 1877 l'administration vint
inopinément réclamer le droit.

Le ministre des Beaux-Arts se prévalait de ce dernier fait dans ses observations devant le Conseil
d'Etat, pour soutenir que la taxe n'était pas due, les
droits de M. Lebaudy étant exactement les mêmes
que ceux de la ville de Paris. Mais le ministre de
l'intérieur répondait que le droit de l'administration
de l'assistance était imprescriptible, et que, né-
gligé, oublié, suspendu, il pouvait être repris à toute
époque.

Les directeurs du théâtre se fondaient dans leur
pourvoi sur ce que la loge, ne pouvant être vendue,
ne représentait aucune valeur appréciable en argent ; ils ajoutaient que le prix de location de l'immeuble consistant dans un prélèvement de 20 pour
100 sur les recettes brutes, la jouissance de la loge
ne pouvait être considérée comme faisant partie du
prix de location.

Le Conseil d'Etat ne pouvait admettre aucune de

ces raisons et rejeta le pourvoi par ce motif que la concession de la loge, loin d'être faite à titre gratuit, constituait une partie du prix du loyer (1).

Le Conseil avait déjà rendu des décisions analogues dans des espèces encore moins douteuses : tantôt c'était le propriétaire de la salle qui s'était réservé le droit de vendre à son profit un certain nombre de places, (2) tantôt la propriété de la salle de spectacle était divisée en un certain nombre d'actions à chacune desquelles était attachée une entrée gratuite évaluée d'avance, et pouvant être vendue séparément, c'est-à-dire constituant un véritable abonnement (3).

64. — Mais comment devra-t-on apprécier la valeur de ces billets concédés à titre onéreux en échange d'une prestation qui n'est pas une somme d'argent déterminée ?

L'impôt a pour assiette le prix d'entrée, le prix réellement perçu. Lorsqu'un billet est délivré en échange d'un avantage quelconque, la valeur de cet avantage est considérée comme l'équivalent de la valeur du billet. Les tribunaux auront donc à apprécier la valeur du billet, et la règle ordinaire qu'ils

1. Cons. d'Etat, 16 mai 1879. Recueil, 1879, p. 386.
2. Cons. d'Etat, 24 juillet 1862. *Théâtre de Carcassonne*, Recueil, 1862, p. 602.
3. Cons. d'Etat, 31 août 1828, aff. Delestre-Poirson. Recueil, 1828, p. 700. — 14 sept. 1830, aff. Ducis et St-Georges. Recueil, 1830, p. 426.

appliqueront sera évidemment celle qui consiste à donner au billet la valeur qu'il aurait s'il était pris au bureau.

C'est ce qu'ont fait le Conseil d'Etat dans ses arrêts du 8 juin 1854 et du 16 mai 1879 et le conseil de préfecture de la Seine dans son arrêté du 25 février 1864.

Cette règle sera toujours très juste lorsqu'il s'agira de billets d'auteur. Quant aux loges ou stalles concédées aux propriétaires de la salle, il serait équitable de leur donner la valeur qu'elles avaient au moment où les parties ont contracté, car c'est cette valeur qui aura servi de base à leurs arrangements. De la sorte, si dans l'intervalle, le prix des places avait été augmenté, cette augmentation ne devrait pas entrer en ligne de compte dans le calcul du droit à prélever sur les places réservées.

65. — Une autre difficulté se présente au sujet de la même question.

Ces places réservées, dont la gratuité n'est qu'apparente, billets d'auteur, loges concédées, etc.; doivent acquitter la taxe des pauvres. Mais qui doit supporter en fin de compte le paiement de l'impôt ; est-ce le propriétaire de la place, ou le directeur du théâtre ?

Il s'agit ici d'interpréter les conventions des parties et les tribunaux de l'ordre judiciaire seront seuls compétents pour le faire. Si les parties ont prévu le cas et l'ont tranché dans leur contrat, il n'y a pas de question. Mais la plupart du temps elles ne l'auront pas prévu.

Au premier abord on est tenté de dire que le droit des pauvres portant en réalité sur le spectateur, non sur l'entrepreneur, c'est au spectateur à le payer, lorsque l'entrepreneur ne l'a pas perçu pour l'administration ; une clause expresse du contrat, pourrait seule alors remettre à la charge de l'entrepreneur le paiement d'un impôt qu'il n'est jamais chargé que de percevoir pour l'administration. C'est ce qu'avaient décidé le tribunal civil et le tribunal de commerce de la Seine en 1844 (1).

Mais dans les contrats il faut rechercher avant tout l'intention des parties, et cette intention n'a pas toujours besoin d'être expressément formulée pour se manifester. Or presque toujours, une partie qui stipule en échange d'un avantage la jouissance gratuite d'une loge ou d'une place au théâtre, entend n'avoir absolument rien à payer. En apparence l'impôt ne porte pas sur le public, qui en ignore la perception ou tout au moins ne la distingue pas du prix d'entrée. Pour la plupart des personnes qui se réservent une entrée gratuite, cette entrée ne saurait être soumise à la perception d'au-

1. Trib. Seine, 24 février 1844. aff. Théâtre Italien, *Gaz. des trib.* 25 février 1844. Trib. comm. Seine, 28 février 1844. *Gaz. des trib.* 29 février 1844.

cun droit, et c'est en considération de cette gratuité absolue que l'avantage équivalent aura été consenti.

En fait et à moins que la preuve contraire ne soit administrée, les tribunaux devront donc présumer que les contractants ont voulu laisser le paiement de l'impôt à la charge de l'entrepreneur (1).

66. — Nous avons vu que les établissements dont l'entrée est libre, mais se paye en réalité avec le prix des consommations doivent subir le prélèvement du droit des pauvres sur leur recettes.

Mais c'est ici qu'il est difficile de dire comment doit se calculer cette recette. Doit-on en défalquer la valeur des consommations prises, ou doit-on au contraire y comprendre tout ce qui est payé par le spectateur ?

Si le spectateur payait séparément sa place et sa consommation, ou encore si le spectateur qui ne veut pas prendre de consommation payait un prix moins élevé que celui qui en prend une, aucun doute ne serait possible. Le droit des pauvres ne devrait être prélevé que sur la partie de la recette représentée par le prix d'entrée.

Mais les choses ne se passent pas ainsi ; que le spectateur prenne ou ne prenne pas de consommation, il doit toujours payer le même prix, s'il veut

1. Paris, 8 avril 1845. *Gaz. des trib.* 9 avril. — Seine, 26 juin 1846 ; Droit 27 juin. — Seine, 25 janv. 1851 ; *Gaz. des trib.* 2 fév. — Dans ce sens : Dalloz, Rép. Alph. V° *Théâtre-Spectacle*, n° 131. — Lacan et Paulmier, n° 139.

avoir une place. La consommation lui est pour ainsi
dire donnée par surcroît.

Dans sa circulaire du 26 fructidor an X le ministre de l'intérieur Chaptal avait décidé que le droit
serait perçu sur l'ensemble de la recette : c'était,
disait-il, aux directeurs à calculer leur prix en con-
ésquence.

Le conseil d'Etat a adopté cette manière de voir,
tout en décidant, ce qui est absolument juste,
que le prix des consommations prises en renouvellement, lesquelles ne sont pas obligatoires, n'était
pas soumis au prélèvement du droit.

En effet, il était impossible de tenir compte de ce
dernier élément de la recette sans violer ouverte-
ment la loi. Mais est-il bien juste de toujours refuser de déduire le prix de la première consommation du prix d'entrée ?

Le plaisir de la boisson n'est pas un de ceux que
les lois sur le droit des pauvres ont voulu frapper
et si un établissement réunit à la fois les caractères
d'un café et ceux d'un concert, n'est-il pas équitable de séparer, si cela est possible en pratique, les
deux parties de la recette qui proviennent de cette
double exploitation ?

Le Conseil d'Etat a pensé que le prix des consommations prises en renouvellement était la seule
recette de l'établissement envisagé comme café, tan-

dis que la recette du concert était formée par le
prix d'entrée sans aucune distinction.

Ses raisons nous paraissent assez fortes pour que
cette solution puisse être approuvée. En effet, le
prix est exigé de quiconque veut prendre une place,
c'est donc bien un prix d'entrée, et c'est sur le prix
d'entrée que porte le droit des pauvres. Si le prix
de la consommation est rendu ainsi inséparable du
prix de la place, dont il devient l'accessoire, c'est
par le fait de l'entrepreneur qui pourrait fort bien
les exiger séparément.

Son intérêt est donc apparemment de ne pas les
séparer, parce que la consommation offerte ainsi
n'est en réalité qu'un nouvel attrait dont le coût
rentre dans les frais généraux de l'entreprise, comme
la dépense affectée à un brillant éclairage ou à de
luxueux costumes (1).

1. Voy. Cons. d'Etat, 6 juin 1844. Duchamp c. Cusin. Recueil
1844, p. 336. Cons. de préf. Seine, Fournier et Coquineau, 28 fév.
1882. D. D. 1882, 3, 94 ; et dans la même affaire. Cons. d'Etat, 20
juin 1884. Recueil, 1884, p. 497. Conf.: Revue générale d'administration 1884, tome III, p. 58.

CHAPITRE V

67. *Modes de perception*. — Ce sont les administrations locales qui déterminent avec l'approbation du
préfet les mesures convenables pour assurer le recouvrement du droit des pauvres.

Nous n'avons pas à examiner en détail les différents procédés au moyen desquels se fait la perception du droit des pauvres dans la pratique administrative.

Il nous suffira d'énumérer les quatre systèmes
auxquels on peut recourir :

1° *La régie simple*, ou perception directe par un
préposé de l'administration ;

2° *La ferme*. L'administration charitable passe un
traité avec un entrepreneur qui, moyennant un
prix déterminé de gré à gré ou aux enchères, se
charge de la perception à ses risques et périls et
sans aucune allocation de frais. Dans ce cas, l'administration doit se conformer aux prescriptions qui
lui sont imposées pour les baux des hospices ;

3° *La régie intéressée*. L'entrepreneur s'engage à verser à l'administration une somme fixe, plus une part proportionnelle dans les produits dépassant le prix principal et la somme qui lui est allouée pour ses frais ;

4° *L'abonnement*. Au lieu de percevoir exactement le droit sur la recette des spectacles, l'administration peut consentir des abonnements, ainsi qu'il résulte du décret du 9 décembre 1809. Les conditions de l'abonnement doivent alors être expressément approuvées par le préfet, qui veille à ce que les intérêts des pauvres soient sauvegardés par la fixation d'un prix assez élevé.

68. — Lorsqu'un entrepreneur de spectacles acquitte le droit des pauvres sous la forme d'un abonnement, à qui incombent les risques si des cas de force majeure l'empêchent de donner ses représentations? Le cas s'est présenté à la suite des évènements de 1848.

Le sieur Seveste, directeur du théâtre de Belleville, avait fait avec le bureau de bienfaisance de cette commune un contrat d'abonnement. La révolution de février et les temps troublés qui la suivirent ayant interrompu ses représentations pendant longtemps, il prétendait que ce cas de force majeure avait eu pour effet de résilier le contrat.

Le bureau de bienfaisance répondait que ce contrat avait le caractère d'un contrat aléatoire, d'un marché à forfait et que, par suite, le directeur devait en supporter tous les risques.

Le Conseil d'État rejeta, avec raison, ces deux systèmes : quelle peut être, en effet, l'intention des parties en formant ce contrat d'abonnement ? Leur intention est de simplifier la perception du droit en évaluant d'avance la moyenne des recettes journalières, et en fixant ainsi la part des pauvres une fois pour toutes ; le directeur court le risque de voir ses recettes baisser ; l'administration court celui de les voir monter sans pouvoir en profiter. C'est dans cette mesure seulement qu'il y a forfait ; mais le forfait ne porte pas sur les cas fortuits qui empêcheront absolument le directeur, sans qu'il y soit pour rien, d'ouvrir la salle au public.

En somme, le droit des pauvres, même perçu par abonnement, est une partie de la recette ; si la recette ne peut se faire par suite d'un évènement de force majeure, il y a perte partielle de la chose due et le débiteur qui n'est pas en faute est libéré proportionnellement. La décision que le Conseil d'Etat a rendue au sujet d'évènements politiques devrait être la même en cas d'incendie du théâtre (1).

69. — *Poursuites et privilège*. — L'article **2** du décret du 8 fructidor an XIII est ainsi conçu : « Les poursuites à faire pour assurer le recouvrement des

1. Voy. Cons. d'Etat, 26 juillet 1854, Recueil, 1854, p. 707.

droits ci-dessus mentionnés seront désormais dirigées suivant le mode fixé par l'arrêté du 16 thermidor an VIII, et autres lois et règlements relatifs au recouvrement des contributions directes et indirectes. »

Ainsi le recouvrement du droit des pauvres est poursuivi de la même façon que celui des contributions directes et indirectes. Nous n'avons pas à insister davantage sur ce point. Les contraintes sont donc décernées par la régie ou par le fermier et rendues exécutoires par un arrêté du préfet.

Il résulte aussi de cette assimilation que le droit des pauvres est muni d'un privilège ; mais si les règles qui régissent le privilège du Trésor public s'appliquent ici, ce privilège est cependant moins étendu que celui dont jouit le Trésor pour le recouvrement des impôts ordinaires.

Il ne faut pas oublier, en effet, que le droit des pauvres n'est pas dû par l'entrepreneur lui-même ; ce dernier est simplement chargé de le percevoir pour l'administration ; il joue le rôle de comptable. Mais il ne saurait être assimilé de tous points à un fonctionnaire comptable : il est dépositaire de la partie de la recette qui appartient aux pauvres ; cette part doit donc être prélevée avant toute autre créance ; mais le privilège ne peut s'exercer que sur la recette, puisque c'est seulement sur la recette que se prélève la taxe. Il ne s'étend donc, ni au mobilier de l'entrepreneur, ni au matériel d'exploitation, qui restent le gage exclusif des créanciers de l'entreprise.

En somme ceci revient à dire que les créanciers de l'entreprise ne peuvent jamais saisir la partie de la recette qui représente le droit des pauvres, car elle ne se trouve dans les caisses de l'entrepreneur que comme un dépôt et elle ne lui appartient pas. L'administration, en cas de faillite de l'entrepreneur, n'a donc même pas à observer les délais et les formalités exigées par la loi en cette matière.

C'est ce qu'a décidé le tribunal de commerce de Marseille dans un jugement du 4 mars 1843 dont voici les principaux motifs :

« Attendu que les recettes ne sont dues aux entrepreneurs que sous la déduction du droit des pauvres ;

« Que pour opérer ce recouvrement le législateur a armé les administrations de bienfaisance de tous les pouvoirs, voies et moyens conférés au Trésor public pour le recouvrement des contributions directes et indirectes ;

« Que si cette assimilation n'est pas écrite dans la loi en termes formels, elle résulte évidemment de la combinaison des arrêtés du 16 thermidor an VIII, 8 fructidor an XIII, et des lois des 5 septembre 1807 et 12 novembre 1808...

« Que l'intention du législateur étant d'assurer

le recouvrement du droit des pauvres par les mêmes moyens que ceux du Trésor en matière de contributions directes et indirectes, il serait absurde de
supposer qu'il n'ait voulu attribuer à ce recouvrement que la voie de la contrainte en lui refusant
tout privilège ;

« Attendu que le directeur qui touche pour le
compte des pauvres le droit qui leur appartient sur
le montant des abonnements et locations de loges,
sans que l'administration du bureau de bienfaisance puisse procéder par elle-même à cette perception, est envers cette administration un véritable
comptable de deniers publics..... »

70. *Compétence.* — L'arrêté du 10 thermidor
an XI avait décidé que les contestations relatives
au droit des pauvres seraient décidées par les préfets en conseil de préfecture.

Mais le décret du 8 fructidor an XIII, en assimi-
lant le recouvrement du droit des pauvres à celui
des contributions publiques, a changé la compétence et l'a attribuée au conseil de préfecture.

C'est donc par une erreur manifeste d'interprétation que le Conseil d'Etat, dans son arrêt du 5 avril
1831 (1), a cru devoir admettre la compétence du
préfet, statuant en conseil de préfecture. Cette
erreur ne s'est jamais reproduite depuis, et de nom-

1. Recueil, 1831, p. 298.

breuses décisions de juriprudence ont reconnu au contraire la compétence exclusive du conseil de préfecture (1).

L'arrêté du préfet qui rend exécutoires les contraintes décernées contre les entrepreneurs de spectacles est donc un acte purement administratif qui ne fait pas obstacle à ce que ceux-ci se pourvoient devant le conseil de préfecture.

La décision du conseil de préfecture peut être attaquée par un recours au Conseil d'Etat, qui a lieu sans frais, aux termes de l'article 30 de la loi du 21 avril 1832, relative aux contributions directes (2). Mais elle peut être exécutée provisoirement (décret du 8 fructidor an XIII, art. 3).

De ce que l'arrêté du préfet qui rend la contrainte exécutoire est un acte administratif, il en résulte que les tribunaux de l'ordre judiciaire sont incompétents pour en arrêter ou en suspendre l'exécution (3).

Mais ces tribunaux sont compétents au contraire pour connaître de la régularité et de la validité des actes ayant le caractère de poursuites judiciaires.

Ils sont compétents aussi pour examiner les questions de dommages-intérêts et déterminer qui doit

1. Voy. notamment : Cons. d'Etat, 11 nov. et 31 déc. 1831 ; recueil 1831, p. 436 et 485. — 16 févr. 1832, recueil 1832, p. 51.   15 mai 1835, recueil 1835, p. 346. — Trib. conflits, 2 avril 1881. Recueil 1881, p. 298.

2. En ce sens, Cons. d'Etat, 27 juillet 1883, recueil 1883, p. 699.

3. Paris, 28 janvier 1832, *Gaz. des Trib.* du 4 février.

supporter le paiement du droit lorsqu'il y a doute
sur ce point. Les conseils de préfecture ont à décider seulement si le droit est dû et quelle est la quotité du droit à percevoir, c'est-à-dire si la décharge
ou la réduction peut être obtenue. C'est ce qu'a décidé avec raison le tribunal des conflits, le 2 avril
1881 (1).

« Considérant que le sieur Bunelet contestait
qu'il fût débiteur, soit à raison de ce que, par sa
nature, la société dont il est président échapperait
à l'obligation de payer les droits dont il s'agit, soit
parce que, en tout cas, il ne saurait être person-
nellement tenu de l'acquittement desdites dettes;

« Considérant que le sieur Bunelet soulevait ainsi
des difficultés sur la taxe même, ainsi que sur la
personne qui en serait redevable, et que si, envisa-
gées à ce point de vue, ses réclamations ne constituent pas absolument une demande en décharge, il
soulevait tout au moins des questions préjudicielles
qui n'étaient point de la compétence de l'autorité
judiciaire... » (2).

71. *Répartition.* — D'après l'article 2 de l'arrêté
du 7 fructidor an VIII : « Le produit de ces droits
continuera d'être affecté aux besoins des hôpitaux
et aux secours à domicile de chaque commune, d'a-

---

1. Recueil, 1881, p. 298.
2. Voir dans le même sens : Cons. d'Etat, 25 janvier 1884, aff.
Edoux. Recueil, 1884, p. 79.

près la répartition qui en sera faite par le préfet
sur l'avis du sous-préfet. »

Ce texte est toujours en vigueur. Par les mots :
« secours à domicile, » il faut entendre exclusivement les bureaux de bienfaisance. C'est ce qu'éta-
blissait déjà le ministre de l'intérieur, Lucien Bona-
parte, dans sa circulaire du 24 fructidor an VIII. La
répartition a lieu suivant l'importance et les besoins
des établissements qui en profitent ; les hôpitaux
ayant généralement d'autres ressources, ce sont
presque toujours les bureaux de bienfaisance à qui
sont attribués les produits de la taxe.

TROISIÈME PARTIE

APPRÉCIATION DE LA LÉGISLATION SUR LE DROIT DES PAUVRES

72. — On a tout contesté dans le droit des pauvres, sa légalité, sa légitimité, sa quotité.

Quant à sa légalité, elle se trouve surabondamment établie par l'étude à laquelle nous venons de nous livrer, et elle n'a d'ailleurs jamais pu être contestée par des jurisconsultes.

Mais il nous reste à examiner la nature des griefs qui ont été articulés contre la légitimité et la quotité de la taxe.

Rappelons d'abord les caractères que nous lui avons assignés : le droit des pauvres est, avons-nous dit, une contribution indirecte perçue sur le public par augmentation du prix des entrées dans les spectacles, et affectée spécialement aux besoins des hôpitaux et des bureaux de bienfaisance.

L'assiette de cet impôt est-elle établie conformément aux règles généralement reconnues en écono-

mie politique, et l'affectation spéciale qui est donnée à ses produits doit-elle approuvée ? Telles sont
les deux questions auxquelles nous devons d'abord
répondre.

Le propre des impôts est d'atteindre le revenu des
contribuables au moyen de ses manifestations. Les
impôts de consommation doivent, pour être bien
établis, porter sur les objets de consommation qui
ne sont pas de première nécessité, et l'impôt doit
être d'autant plus lourd que la nécessité est moins
grande ; les impôts indirects les mieux justifiés sont
donc ceux qui portent sur les manifestations d'un,
revenu superflu, sur les objets de luxe.

Qui contestera que le plaisir soit un luxe, que
l'entrée dans un théâtre, un bal, un concert ou tout
autre spectacle ne soit pas un objet de première
nécessité, et que le paiement du prix d'entrée soit la
manifestation d'un revenu qui dépasse celui qui est
strictement nécessaire à la vie ?

En un mot, le droit des pauvres réunit tous les
caractères qui distinguent les impôts bien assis, et
il semble que sa légitimité ne saurait être contestée.

73. — Avant d'examiner les raisons par lesquelles
on l'a contestée, disons un mot de l'affectation spéciale qui lui a été donnée.

En principe, les taxes spéciales doivent être évi-
tées.

C'est une règle de notre comptabilité publique, que les produits de l'impôt soient centralisés dans une caisse publique, et si cette règle souffre quelques exceptions, elles sont peu nombreuses.

On peut faire remarquer en faveur de celle qui nous occupe, qu'elle a pour elle la tradition, et qu'il n'y a pas de raison pour rompre avec la tradition sur ce point, car, en somme, peu importe aux esprits qui ne sont pas exclusivement occupés de la forme que l'administration de l'assistance publique à Paris, perçoive la taxe aux lieu et place de la ville elle-même, ou encore qu'une commune, après avoir perçu cette taxe, soit tenue de l'affecter exclusivement aux besoins des pauvres (1).

L'Etat peut légitimement affecter une pareille taxe à celui des services publics qui lui semble en avoir le plus grand besoin, et en l'attribuant aux pauvres, il ne fait que l'application d'un principe de saine et forte morale : légitimation des distractions publiques par l'aumône publique (2).

C'est précisément cette façon de justifier l'affectation spéciale donnée à la taxe des pauvres qui nous en montre les inconvénients. C'est en effet se mettre à un très mauvais point de vue que de vouloir justifier le droit des pauvres par son affectation. On pourrait aller fort loin dans ce sens et si l'argument

1. *Rapport de la commission du droit des pauvres*, 1870, p. 19.
2. Da Costa Athias, *Essai sur le droit des pauvres*, p. 246.

était vraiment décisif, tout impôt qui profiterait aux pauvres devrait être approuvé par cela même, et deviendrait inattaquable.

Rien de plus dangereux aussi et de plus contraire à la vérité que de soutenir que le plaisir, quel qu'il soit, a besoin pour être moral, d'être légitimé par le paiement d'un droit. Imposer nominalement la personne aisée au profit du nécessiteux est un mauvais principe, et la charité obligatoire doit être bannie de la loi (1).

En réalité le droit des pauvres n'est pas plus un impôt moralisateur qu'il n'est un impôt somptuaire, dans le vrai sens du mot. Si l'esprit de ceux qui l'ont créé a été saisi par le contraste entre le plaisir des uns et la misère des autres, cette idée ne doit pas être nécessairement invoquée pour légitimer l'impôt.

En droit, le plaisir n'a pas besoin d'être légitimé s'il ne trouble pas l'ordre public ; en morale même, il n'a pas besoin non plus d'être légitimé s'il est honnête, et s'il ne l'est pas, aucune imposition ne saurait le justifier.

De même le droit sur les entrées dans les spectacles n'a pas besoin d'être perçu en faveur des pauvres pour être légitime ; il se justifie par lui-même, comme tous les impôts de consommation sur les objets de luxe.

1. De Gérando, *Bienfaisance publique*, tome IV.

N'oublions pas d'ailleurs que l'Etat a pour devoir
de veiller à la sécurité du public dans les spectacles
comme partout ailleurs, et que le droit qu'il fait
payer au spectateur est ainsi conforme au principe
fondamental des sociétés organisées, qui veut que le
contribuable paye l'impôt pour que la société lui
assure sa sécurité.

74. — Ainsi, en théorie, le droit des pauvres semble inattaquable, sauf peut-être en ce qui concerne
l'affectation spéciale qui lui a été donnée.

Quelles sont donc les objections qui se sont élevées à son sujet ?

On reproche au droit des pauvres d'être très onéreux pour les directeurs de théâtre, car en frappant
leur recette brute, il les atteint même s'ils ne font
pas leurs frais ; on ajoute qu'il fait double emploi
avec l'impôt des patentes et qu'en provoquant bien
des faillites, il a nui au développement de l'art et
d'une industrie essentiellement française et surtout
parisienne.

75. — La première partie de ces critiques repose
sur une confusion qui consiste à croire que les entrepreneurs de spectacles publics sont les contribuables
atteints par l'impôt, tandis qu'ils n'en sont que les per-
cepteurs, les dépositaires, qui n'ont même jamais à
en faire l'avance, puisqu'ils ne le versent dans les
caisses de l'administration qu'au fur et à mesure
qu'ils l'ont eux-mêmes touché.

Ces critiques n'auraient plus aucun fondement si la perception du droit des pauvres se faisait à la porte des spectacles, séparément de celle du prix des entrées. Mais quel avantage trouverait-on à procéder ainsi ? Ce serait une complication pour l'administration, un embarras pour les entrepreneurs, et un ennui pour le public. Ce droit que le public doit payer en sus du prix de son entrée, c'est le directeur qui est chargé de le percevoir : autrefois sur les affiches qui faisaient connaître au public le prix des entrées, on distinguait la part afférente au droit des pauvres ; il a plu aux directeurs de faire disparaître cette distinction et de tout confondre. Qu'importe ? Ils n'en sont pas moins toujours de simples dépositaires, et ils ne sauraient se plaindre d'être forcés de restituer ce qui ne leur appartient pas.

Le droit des pauvres ne fait donc pas double emploi avec la patente ; précisément ce double emploi n'existerait que si le droit était perçu sur la recette nette, c'est-à-dire sur l'entrepreneur.

Cependant, en fait, il est certain que le droit est supporté en partie par les entrepreneurs de spectacles ; il est certain en effet que si les spectateurs consentent aujourd'hui à payer un certain prix pour se procurer un plaisir, ils viendraient toujours aussi nombreux si le prix était payé tout entier aux entrepreneurs, qui profiteraient ainsi de la différence. Mais c'est le propre de tous les impôts de ne pas être supportés en fin de compte exclusivement par celui qui les paye. L'impôt immobilier payé par le propriétaire, a pour résultat d'élever le prix des loyers et des fermages; l'impôt personnel et mobilier, payé par le locataire d'après la valeur de son loyer a pour effet d'abaisser le prix des loyers, et tous les impôts indirects qui frappent des objets de consommation et qui sont payés par le fabricant ou le débitant ont pour effet d'élever le prix de ces objets.

Ainsi l'impôt, tel qu'il est établi, n'a de raison d'être que s'il porte sur la recette brute. Il n'y a pas de motifs pour lui donner une nouvelle base et le faire payer par l'entrepreneur en l'établissant sur la recette nette. Sa perception deviendrait alors extrêmement difficile; les moyens de contrôle feraient presque complètement défaut à l'administration qui aurait des difficultés continuelles avec les contribuables; les frais de perception en seraient augmentés d'une façon considérable et les produits de l'impôt diminués jusqu'à se réduire à presque rien.

76. — Mais si le droit des pauvre a une base irréprochable, peut-on dire que les réclamations qu'il a suscitées ne soient justifiées en rien, que notamment la quotité des droits n'en fasse pas un impôt trop lourd?

A en croire les intéressés cet impôt serait exorbitant et il ne faudrait pas chercher ailleurs la cause

de la faillite de plus d'un directeur de théâtre.
Qu'on fasse le compte des sommes payées pour le droit
des pauvres, disent-ils, et l'on verra que bien souvent elles sont égales au passif, cause de la faillite.

On a fait remarquer avec raison qu'on pouvait tenir le même raisonnement au sujet de tous les impôts. Toutes les fois que le passif d'une faillite n'est
pas très considérable, il arrive que cette faillite aurait pu être évitée s'il n'avait pas fallu payer les impôts, et il est certain que si la charge des contributions était moins formidable en France les affaires
n'en seraient que plus prospères.

Ajoutons que le nombre considérable des théâtres
qui existent à Paris montre bien que le droit des
pauvres, n'est pas une entrave bien sérieuse à leur
prospérité; qu'il se produise des faillites de temps à
autre, cela est inévitable, mais il ne faut pas les
imputer exclusivement à la taxe des pauvres.

77. — Cependant il est certain que sous un certain rapport au moins, le droit des pauvres est trop
élevé. Le prélèvement du quart de la recette brute,
qui s'applique, nous le rappelons, à tous les spectacles que la loi n'en a pas formellement dispensés,
est tout-à-fait excessif.

Nous n'en voulons pour preuve que la pratique administrative elle-même. Le droit est tellement élevé
qu'il empêcherait bien des établissements de vivre,
si bien que l'assistance publique est forcée dans son

propre intérêt de consentir à l'abaisser dans des proportions considérables.

Il en résulte une inégalité choquante et un arbitraire absolu.

Citons seulement quelques exemples :

En 1849, il fut question de supprimer le droit des pauvres. Voici le tableau de la quotité des droits qui furent perçus pendant les années suivantes (1) :

		Représentations	Concerts	Bals
1849	Toute l'annnée......	5 p. 100	7 p. 100	10 p. 100
1850	Dix premiers mois...	6 —	8 —	11 —
»	Deux derniers mois..	8 —	10 —	12 1/2 0/0
1851	Deux premiers mois.	8 —	10 —	12 1/2 »
»	Dix derniers mois...	9 —	12 1/2 0/0	12 1/2 »

Le rapport de la commission du droit des pauvres nous apprend (2) qu'en 1870, l'impôt était modéré à Paris *du quart au huitième* sur les bals et les concerts non quotidiens.

En province, les communes accordent souvent à leurs théâtres l'affranchissement du droit comme subvention ; mais ceci est une autre question.

Rappelons qu'en 1875, lorsque le droit fut abaissé à 5 pour 100 pour les concerts non quotidiens, il fut constaté que certains d'entre eux payaient

1. Natalis Rondot, *Hist. et stat. des théâtres*, 1852, in-8, p. 10.
2. V. p. 31.

5 pour 100 et d'autres 7 pour 100, et cela, sans que
l'on pût dire qu'elle était la raison de cette inégalité.

Il est inadmissible que l'administration puisse
agir avec un pareil arbitraire ; c'est la preuve manifeste que l'impôt est trop lourd, puisqu'elle est
obligée, dans son propre intérêt, de consentir des
réductions aussi considérables. Sans doute, on agit
en général au mieux des intérêts de tous, et il
existe une pratique qui tient lieu de loi ; mais enfin
il dépend actuellement de l'assistance publique que
tel établissement qui ne paye comme les autres
qu'un droit modéré, soit fermé demain parce que
l'on aura exigé brusquement de lui l'intégralité de
l'impôt.

78. — Il est donc nécessaire de remanier la législation relative au droit des pauvres, en abaissant
la taxe, de manière à la rendre réellement applicable.

M. Raoul Duval avait voulu le faire en 1875, lorsque l'Assemblée nationale se sépara et l'empêcha
ainsi de réaliser son projet ; il serait bon de le re-
prendre.

Nous ne sommes pas compétent pour indiquer
avec précision à quel taux on devrait s'arrêter.
Voici cependant ce qu'il nous semble qu'on pourrait
faire :

Et d'abord, nous avons déjà dit qu'il nous sem-

blait préférable que l'impôt ne reçut plus d'affectation spéciale ; le produit de l'impôt appartiendrait
à la commune, qui en serait quitte pour élever
d'autant les subventions par elle accordées aux bureaux de bienfaisance et aux hospices.

Peut-être serait-il bon de décider qu'une partie
des produits appartiendra à une circonscription administrative plus importante que la commune. Il y
aurait à cela un certain avantage.

Des communes fort peu importantes voient parfois s'établir sur leur territoire des spectacles qui
attirent une grande affluence de public ; telles sont
les courses de chevaux lorsqu'elles peuvent être
soumises à l'impôt. Le produit des droits est alors
tout à fait hors de proportion avec les besoins de la
commune, et d'un autre côté il y a quelque injus-
tice à faire entretenir les pauvres d'un village peu
important par le produit d'un impôt perçu sur les
habitants de la grande ville voisine. C'est ce que
faisait remarquer le commissaire du gouvernement
au Conseil d'Etat dans son rapport sur l'affaire des
courses rouennaises (1).

79. — Mais admettons que rien ne soit changé à
l'affectation du droit des pauvres ; des modifications
de ce côté ne sont pas en somme indispensables.

Faudrait-il continuer à adopter le principe de
taxes multiples et différentes ?

1. Cons. d'Etat, 13 juin 1873, *Recueil*, 1873, p. 543.

Nous croyons qu'il est juste que certains spectacles payent plus que d'autres. On devra favoriser les spectacles qui n'offrent pas seulement au spectateur l'attrait du plaisir, mais qui lui procurent une distraction d'un genre élevé grâce à son caractère artistique, littéraire ou simplement intellectuel. Tels sont les théâtres, les concerts, les séances de prestidigitation.

D'un autre côté il est juste de demander davantage non seulement aux plaisirs plus grossiers, mais encore aux spectacles qui nécessitent des frais généraux fort peu considérables, et qui ne coûtent presque plus rien à exploiter lorsque les premiers frais d'installation ont été faits. Dans la première catégorie se rencontrent les cafés-concerts et les bals publics, dans la seconde les expositions et les jeux de toutes sortes.

Seulement nous croyons indispensable d'énumérer limitativement tous les spectacles qui seraient soumis au droit le plus fort de sorte que ceux dont le législateur ne parlerait pas, seraient *ipso facto* soumis à la perception la moins élevée, qui serait la perception de droit commun. C'est le principe contraire que la loi consacre aujourd'hui, et il n'est pas juste, car tel spectacle auquel le législateur n'a pas songé peut être empêché de se produire plus tard par suite de l'exagération de l'impôt. C'est ce qui serait arrivé pour les sociétés de concerts si l'administration n'avait pas abaissé d'elle-même la perception des droits.

Ainsi nous pensons qu'il faudrait établir un droit général de cinq ou six pour cent de la recette brute, qui frapperait indistinctement tous les spectacles publics. Ce droit pourrait être porté à dix ou douze pour cent pour les bals, cafés-concerts, jeux et divertissements de toutes sortes, panoromas, expositions et courses de chevaux.

Les spectacles gratuits, les réunions de société, les fêtes ou spectacles ayant un but d'utilité publique continueraient à être affranchis de toute taxe.

80. — Telle est notre conclusion, et nous voulons croire qu'elle trouve sa justification dans l'étude que nous avons faite du droit des pauvres.

Elle peut se résumer en quelques mots : Maintien en principe de la taxe sur les entrées dans les spectacles publics, mais révision de la législation actuellement en vigueur dans le sens de l'abaissement des droits.

POSITIONS

Positions prises dans la thèse.

DROIT ROMAIN.

I. En règle générale le créancier n'est pas tenu d'accepter un paiement partiel.

II. Un paiement partiel ne peut être libératoire que s'il porte sur une dette dont l'objet puisse être divisé en parts semblables entre elles.

III. Dans les obligations de genre qui ne se divisent pas *numero*, et dans les obligations alternatives le paiement partiel ne peut être immédiatement libératoire que si le choix appartient au créancier.

IV. Dans la stipulation de peine, le paiement partiel n'empêche pas la commise totale de la peine à moins qu'il n'ait profité au créancier et qu'il ne soit pas restituable.

DROIT FRANÇAIS.

I. Le droit des pauvres n'est pas un impôt somptuaire.

II. Le droit des pauvres est du quart de la recette brute des établissements qui y sont soumis toutes les fois qu'une disposition formelle de la loi n'en a pas décidé autrement.

III. Il n'est pas nécessaire qu'un spectacle ou une fête aient été donnés dans un but de spéculation pour qu'ils soient soumis au droit des pauvres.

IV. Tout spectacle organisé dans un but d'utilité publique régulièrement reconnu échappe à la perception du droit des pauvres.

V. Le droit des pauvres est un impôt légitime, mais trop lourd.

Positions prises en dehors de la thèse.

DROIT ROMAIN.

I. A l'époque du droit classique, la loi ne règle pas le mode de formation du mariage.

II. L'arrivée du terme ne met pas, en général, le débiteur en demeure.

III. L'exception de dol entraîne tantôt absolution, tantôt diminution de la condamnation.

IV. Dans le droit classique, l'invalidité de la stipulation de peine accessoire à des fiançailles était obtenue au moyen de l'exception de dol.

DROIT CIVIL FRANÇAIS.

I. Le paiement fait en vertu d'un contrat nul comme contraire aux lois ou aux bonnes mœurs est toujours sujet à répétition.

II. L'ouvrier, victime d'un accident survenu au cours de son travail n'a droit à des dommages-intérêts que s'il prouve la faute ou la négligence de son patron.

III. La reconnaissance d'un enfant naturel inscrite dans un testament authentique subsiste malgré la révocation du testament.

IV. La constitution de dot tombe sous le coup de l'action paulienne malgré la bonne foi du donataire et de son conjoint.

DROIT CRIMINEL.

I. Les personnes dépositaires par état ou profession des secrets qu'on leur confie, ne peuvent jamais les révéler, hors le cas prévu par l'article 378 du Code pénal, alors même qu'elles seraient relevées de leurs obligations par la personne même qui leur avait confié le secret.

II. Sous l'empire de la loi du 29 juillet 1881, un failli peut être gérant d'un journal.

III. Il n'est pas nécessaire que le complice ait connu l'existence des circonstances aggravantes pour encourir l'aggravation de pénalité qu'elles entraînent.

IV. Les manœuvres destinées à opérer la hausse ou la baisse factices des actions et obligations ne tombent pas sous le coup de l'article 419 du Code pénal.

Vu par le président de la thèse,
GARSONNET.

Vu par le doyen,
COLMET DE SANTERRE.

VU ET PERMIS D'IMPRIMER :
Le vice recteur de l'Académie de Paris,
GRÉARD.

TABLE

DROIT ROMAIN

DES EFFETS DE L'EXÉCUTION PARTIELLE D'UNE OBLIGATION.

Introduction... 1

Chapitre I⁰ʳ. De la validité du paiement partiel............. 9

Chapitre II. Effets, sur l'obligation principale, d'un paiement partiel valable..................................... 23

Chapitre III. Effets, sur l'obligation accessoire, d'un paiement partiel valable..................................... 40

Chapitre IV. Des effets que peut produire un paiement partiel non libératoire..................................... 52

DROIT FRANÇAIS

DU DROIT DES PAUVRES

Avant-propos.. 1

PREMIÈRE PARTIE. Antécédents historiques et transformations successives de la législation sur le droit des pauvres....... 4

Chapitre 1⁰ʳ. Antécédents historiques du droit des pauvres. 5

Chapitre II. Le droit des pauvres depuis sa création en 1699 jusqu'à la Révolution................................. 14

Chapitre III. Le droit des pauvres depuis 1789............. 36

DEUXIÈME PARTIE. Etude de la Législation actuelle sur le droit des pauvres..................................... 66

Chapitre I. Définition, caractères et portée du droit des pauvres.. 67

Chapitre II. A quelles conditions le droit des pauvres peut-il être perçu sur la recette d'un spectacle?................. 81

Chapitre III. De la quotité des droits à percevoir.......... 119

Chapitre IV. De quels éléments se compose la recette sur laquelle est perçu le droit des pauvres?.................... 127

Chapitre V. Modes de perception, poursuites et privilège; compétence, répartition.................................. 144

TROISIÈME PARTIE. Appréciation de la législation sur le droit des pauvres 153

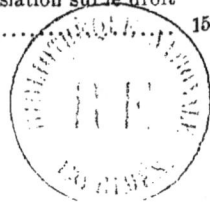

Laval. — Imprimerie E. JAMIN, 41, rue de la Paix.

www.ingramcontent.com/pod-product-compliance
Lightning Source LLC
Chambersburg PA
CBHW070525200326
41519CB00013B/2941